保育の中の子ども達
― ともに歩む日々 ―

社会福祉法人　くすの木福祉会
中山保育園　監修

伊藤美保子・西　隆太朗　編著

大学教育出版

倉敷にある、中山保育園。2012年には、創立35周年を迎えます。伊藤千鶴子園長のもと、一人ひとりを大切にする保育をつくりあげてきました。

　本書は、中山保育園の主任保育士をつとめていた伊藤美保子が、日々の保育の思い出を書きとめ、園の保育士たちと共有してきた保育ノートをもとにしています。平成15〜18年のエピソードを、季節やテーマごとにまとめました。それぞれのテーマには、伊藤の共同研究者である西が解題を添えています。

　写真は、各ページの季節やテーマに関連したものを掲載していますが、必ずしもエピソードに描かれた場面そのものではありません。また、子ども達の名前は仮名としました。

　子ども達は、4月時点の年齢をもとに、各クラスに分かれています。

　　　　0歳児　…　ピーチクラス
　　　　1歳児　…　ストロベリークラス
　　　　2歳児　…　バナナクラス
　　　　3歳児　…　メロンクラス
　　　　4歳児　…　チェリークラス
　　　　5歳児　…　マスカットクラス

はじめに

"強くたくましく、豊かな心を持った子ども"を育てたいという願いのもと、全職員が心を合わせ、保育に取り組んで参りました。

"今、この子たちに必要なものは何か"と考えた時、時代の移り変わりや生活様式の変化に伴い、おのずと、整える環境の必要性、保育者の役割などが、心の中に沸き上がってきたように思います。

そんな保育の実現に取り組む日々に、私の情熱を支えてくれたのは、一人ひとりの子どもたちの育とうとする力や、職員の想い、保護者の方々の想い、地域の方々のご厚意だったと確信しています。

中山保育園は、今年、35周年を迎えます。

開園当初から現在のことを思いめぐらせると、走馬灯のように、また昨日のことのように、思い出が限りなく浮かんでくるようです。

このたび、17年間主任をつとめた保育士の手による保育ノートをもとに、中山保育園の子ども達が、さまざまな環境の中で、どのように日々を過ごし、どのような思いで遊びをくりひろげていったかを、エピソードと写真でまとめ、出版する運びとなりました。

保育というものは、楽しく、嬉しく、時には悲しくくやしいこともある、そんな無数の瞬間の積み重ねではないかと思います。何気ない日々にも、かけがえのない意味がこもっているものと思います。

この小さな冊子が皆様の心に届き、子どもの素晴らしさや保育という仕事の喜びが伝われば幸いです。

2012年9月

中山保育園 園長　伊藤千鶴子

目次

はじめに……………………………………………………2
　　　　　　　　　　　　中山保育園 園長　伊藤千鶴子

第1章　保育園の四季……………………………7
　新しい年度の始まり　8
　　春　18　　夏　36　　秋　62　　冬　108

　コラム　子どもの運動能力について考える
　　　　　── 中山保育園の子ども達と出会って………90
　　　　　　　　　　　　　　　　　　　宗髙弘子

第2章　保育に想う……………………………141

第3章　日々の保育から………………………167
　外国からのお友達　168　　連絡簿から　175　　行事を通して　182

　解題……………………15, 33, 59, 105, 137, 165, 174, 181, 220
　　　　　　　　　　　　　　　　　　　西　隆太朗

　おわりに…………………………………………221
　　　　　　　　　　　　　　　　　　　伊藤美保子

　参考文献…………………………………………222
　執筆者紹介………………………………………223

保育の中の子ども達
―― ともに歩む日々 ――

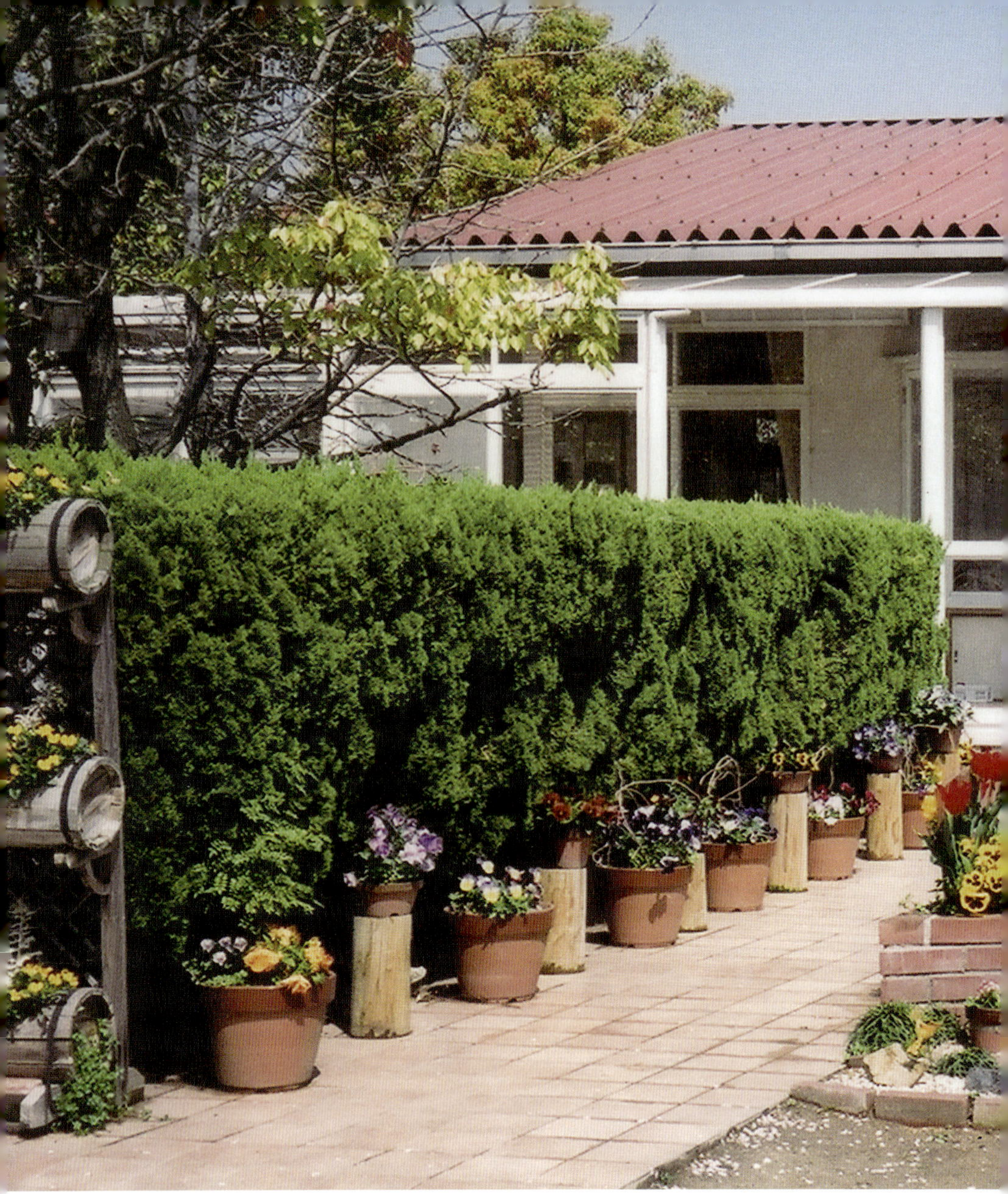

第 1 章　保育園の四季

日々子ども達を迎え入れてきた、中山保育園の前庭。

新しい年度の始まり

🌸 新しいタオル

2歳児　❀　4月3日

バナナクラスになった日。
　自分のコップと袋、タオルを持ってくることが、子ども達はとても嬉しいようです。ずっと、大事そうに持っていました。
　"お母さんが買ってくれた、自分のもの"という嬉しさがあったのでしょう…。

🌸 入園式

4月4日

　1クラスずつ進級です。バナナクラスからメロンクラスになった、りょうたくんとしゅんたくんは、シャツに蝶ネクタイをして登園してきました。かわいかったです。
　じゅんくんは「お母さんがいい！」と言って、テラスに座り込んでいます。次のクラスへ移るということが、自分の中で納得できないのかなぁ。
　かずやくんは、廊下ですれ違う時に
「今日は楽しみな日だ！」
と、嬉しそうに言っていました。
　年長クラスになることを楽しみにしているのでしょうね。

　新しい部屋で、新しい環境で子どもたちを迎えるために、保育者は一生懸命準備しています。今日はお父さんお母さん達も一緒で、にぎやかな一日となりました。式の後、園長先生は保護者の方に保育方針を話され、保護者の方も真

剣に聞いてくださっていました。
　中山保育園を信頼し、預けてくださっている保護者や、また子どもたちの幸せのために、保育方針を打ち出して応えようとする園長先生のもとに、私たちは一人ひとりが誠意とやる気を持って一生懸命努力しなければと、また心を新たにしたひと時でした。

園庭にて

4月5日

　新年度のはじまりです。子ども達は、大きくなった喜びと、新しい先生と遊ぶ楽しさを感じているように思えます。築山、砂場、総合遊具…、園庭の至るところで、遊びを楽しんでいるようでした。
　チェリークラスのちほちゃんは、築山の上から下まで、横向きでごろごろ何度も転がっていました。

🌸 新しいお部屋で①

1歳児　❁　4月6日

昨日は、入園式でした。今日から本格的に、今年度が始まります。

　1歳児クラスに行ってみると、0歳児から進級したばかりの子ども達が泣いています。
　新しい環境、新しい先生…　新しい友達が泣くことも手伝って、心が揺れるよね…。

　あいかちゃんはどう声をかけても泣いていましたが、ままごとのところにあるイチゴなどの食べ物には興味があるようです。私のそばで、食べるまねをし始めました。しばらくその場所で遊んでいるので、チェーンリングも出してみました。これも興味を持って、遊び始めます。
　好きなものを見つけてあげること、そして、一緒に安心感を持って遊べるように配慮してあげること。大切ですね。

🌸 新しいお部屋で②

2歳児 ❀ 4月6日

　バナナクラスに行ってみました。どの子も落ち着いて遊んでいます。ご馳走を、私のところにたくさん持って来てくれました。
　子どもが楽しんで遊ぼうとする環境…。何が違うのでしょうか。

❀ 子ども達に、何がどこにあるかがわかりやすい。
❀ 空間が十分にある。
❀ スムーズに動けるよう、考えられている。
❀ どこでどのように遊ぶだろう…と環境をイメージしておくこと。
❀ 以前にしていたことを、少し課題ある遊びにしてあることなど…。

　あんなちゃんは、おうちでも、「おおもり先生があんなの先生よ」と言ってくれているんだそうです。そんな話をしていると、自分のことだとわかったのでしょう、あんなちゃんが私たちのところへ急いでやってきました。
　そのとき、少しバランスを崩して、ころんでしまいました。
「大丈夫？」
とおおもり先生はすぐに抱き起こし、あんなちゃんに
「我慢しなくても、泣いてもいいんよ」
と優しく声をかけていました。

　あんなちゃん、緊張しているのでしょう。楽しく遊びながらも、そんなにすぐに、心を開いて過ごせるわけでもなくて…。
　子どもは子どもなりに、緊張したり遠慮気味だったり…。自分の感情を、自分をありのままに出せないこともあるでしょう。

　おおもり先生のこの一言は、そばにいた私にも心がやわらかくなるような、子どもの心をほぐすのに十分な、心のこもった言葉だったな…と思いました。

4月は子ども達の気持ちをつかむために、保育者は心を尽くさなければならないでしょう。みんながんばろう…。

　　準備　保育者の心構え
　　心に寄り添う　共感する
　　この人はいつも見ていてくれる　安心感
　　　　　　何よりも大切だなぁ…。

🌸 桜の花びら

5歳児 ❀ 4月8日

　園庭に出てみると、さえちゃんがそばに来て、
「先生、目つむって、手を出して」と言う。
「え〜、虫？」
と言っていると
「早く！」

と急かされたので、手を出してみました。目を開けると、桜の花びらがいっぱい。
「わぁ～、さくらだ」
「ふふ～ん、きれいでしょ」
と笑うさえちゃん。

　うすピンク色の桜の花びらと、さえちゃんの笑顔が、とてもステキに思えたひと時でした。

　お昼は桜の木の下で、みんなで食べました。

進　級

4月13日

　進級したての子ども達にとって、担任がかわるということは、大きな出来事です。

　今まで信頼関係を結んでいた大好きな先生から、新しい先生へ。保育者以上に子ども達は早く心を切り替えようとします。

1歳児から2歳児クラスへ進級したみつるくんは、ようこ先生が手を振っても知らん顔をするそうです。あんなに大好きだったのに…。
　あきらくんも0歳から1歳へ。降園のときに出会ったあきこ先生が
「さようなら…」
と言っても、ぷいと横を向いたとか。あきこ先生が淋しそうでした…と、お母さん。

　みなさん、子ども達は自分で心を切り替えようと、必死なのですよ〜。

● 新年度を迎えた保育園

6月

　新年度になって早2か月が過ぎました。
　それぞれにクラスが変わり、新しいお友達を迎え、新しい保育士さん達も加わって、保育園の春は、緊張とやる気満々？　…の中に過ぎていきます。
　新しい環境に慣れ、自分らしさを出しながら生活してほしいな…と思う2か月なのですが、いろいろなことが含まれている、保育園の春です。（子ども達のこと、保護者の方達、新しいクラスでの人間関係、まだまだいっぱい…）

> **解題** ── 新しい年度の始まり

生き生きと、誇らしく、新年度を迎える子どもたち。
その一方で、環境の変化にとまどい、揺れ動く心。その心とともに、友だちも、家庭も、保育士も、心を揺り動かしながら寄り添うものと思います。

ふと張り切っていた心がゆるみ、泣いてしまう子。そんなとき、「泣いてもいいよ」と言われると、本当に受け止められた気がすることでしょう。
大好きだった先生に、知らん顔。気持ちを切り替えようとする、その子のいじらしい想いに、気づけるようでいたいと思います。

子どもたちは、環境の変化を受け止めようと、自分自身で能動的に心を働かせています。その気持ちに寄り添い、環境、生活、遊び、ありとあらゆる面で心を配る保育士と、家庭に支えられながら…
桜の花びらや、晴れやかな笑顔や、たくさんのプレゼントをくれるのは、子どもたちの方でもあります。
子どもたちを支えようとする私たちは、いつも子どもたちの力に支えられています。

子どもたちも、保育士も、家庭も、それぞれに力を出しあいながら、嬉しいことも、つらいこともともにして、それぞれが変わっていく… 信頼関係というものは、その繰り返しの中で、築かれ、深められていくのでしょう。
子どもと過ごす日々はいつも新しく、どんなことも心に残るものですが、新しい出会いが次々と訪れる4月は、振り返って特別な思い出になるように思います。

(西)

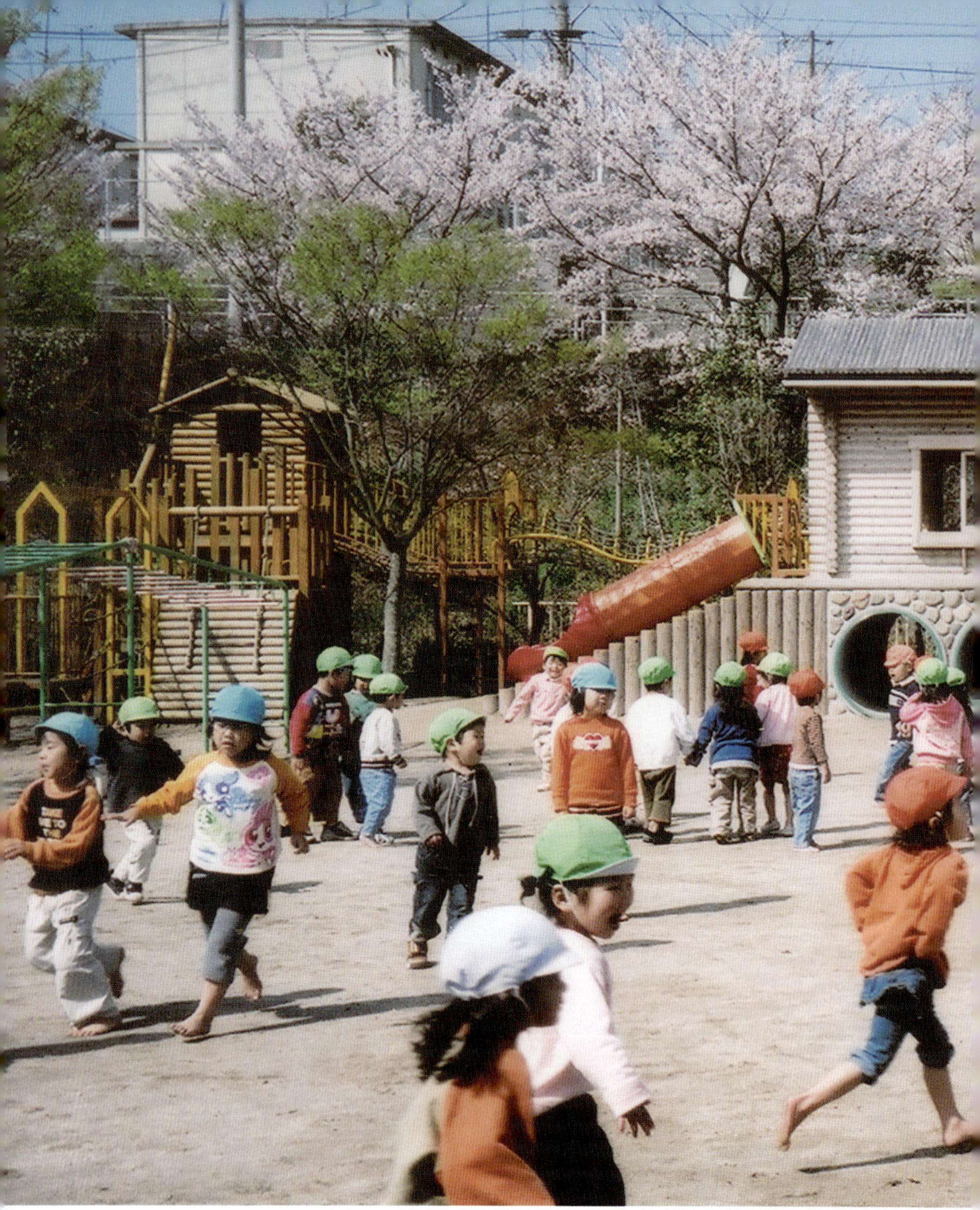

春　満開の桜の下、園庭で元気いっぱいに遊ぶ子ども達。

─── 春 ───

🌸 桜咲く

4月11日

　保育園の桜が満開です。
　今年は寒い日が続いたので、3分咲き、4分咲きってことはなく、「いっぺんに咲いた」桜達！！　園庭全体が明るく見えます。
　桜の木の下で遊ぶ子ども達も楽しそうでした。

🌸 チェリー

4月12日

　今日はチェリークラスで給食を食べました。
「おそかったね」
「メロンクラスに行ってたから…ね」
「明日もチェリーにきてよ、あさってもずっと…」
「え〜、それは無理かも」
「みほこ先生チェリークラスの先生になったら？」
とまた言います。
「そうしようか。でも事務所に代わりの先生が行かないとだめだから、ひろき先生に行ってもらう？　園長先生とひろき先生が事務所で、ゆりか先生とみほこ先生がチェリー。そうできるかな」
　いづみちゃんはその話をじー…っと聞いて、
「そんな大事なこと、どうやって決めるん…」
と言うのです。

「園長先生に相談して、"いいよ"って言ったら決まるかも…」
と言うと、またじー…っと聞いて、
「あ、やっぱり、ピーチ、ストロベリー、バナナ、メロン、チェリー、マスカットって、順番に行った方がいいと思うよ」
と言っていました。
　いろいろな人のことを思ったんでしょうね。

桜の木の下で

　　　　　　　　　　　　　　　4・5歳児　❀　4月13日

　桜の花が、散り始めました。今日は風が少しあったので、こいのぼりも泳ぎ、桜の花びらも舞って美しい…。桜の木の下で再びお昼を食べることに。
　今日はチェリークラスとマスカットクラスが一緒に食べました。風が吹くたびに桜吹雪が子ども達の目の前に舞い落ち、そのたびに子ども達は大喜びで
「きゃ～、わぁ～、雪みたい…、きれい…」
と叫んでいます。
　お皿やコップの上にもときどき舞い降りてくれる花びらに、感動していました。
　風が吹くたび、桜が舞うたびに、
「きゃ～、きぃ～、うぉ～～」
と、子ども達は喜ぶので、かおり先生は、
「もぉ、動物園じゃないんだから、みんなちょっと静かにして！」
と言ったぐらい。

　ちほちゃんは、二度もお茶の中に花びらが入り、そのたびに私がとってあげていると、
「わかった、さくらもお風呂に入りたかったんだ！」
などと、かわいいことを言っていました。

　今年の桜はちょっと短かったけど、その分、心にも焼きついたことでしょ

う。子ども達の上に、静かに優しく降ってくれてありがとう。(来年もまたよろしくね。)
　桜の花達、来年の春までさようなら。

● れんげ畑

4月22日

　れんげつみ、くびかざり、花束、花ぶえ。
「かえる〜、かえるつかまえて…」
「きゃあ〜、すべった。おこして」
「おこしてあげるよ」
「あ〜先生の手に土がいっぱいついた〜」
と、きゃあきゃあ騒いでいると、かずやくんが
「先生、パッパッってしてあげるから」
と言って、私の手についた土をていねいに落としてくれたのです。かずやくん、優しいね。ありがとう。

まったく、どっちが大人か。子どもの優しさが身にしみる〜。

　夕方、りおくんと外で遊びました。
　築山のタイヤの上と下でジャンケンをし、勝てば進みます。どちらかを占領するとチェンジ。二度やって、引き分けになりました。
　その後、りおくんが抱っこしてというので、はじめてりおくんを抱きました。
「くすの木の葉っぱをさわってみたい」
と言います。
「やわらかいでしょ、新しい葉っぱだからね。古いのは堅いの、ほら、もう落ちる寸前でしょ」
　しばらく抱いていた、5歳児のりおくん。私も抱っこしてもらおうかな、と言うと、りおくんは私の足を持ち、本当に持ち上げようとしました。
「あ〜いい、いい。もう少し大きくなったらね…」
　りおくんを心から抱きしめた日、でした。

おかあさんの絵

　　　　　　　　　　　　　　　　　　　　4歳児　❇　4月23日

　今日は、けんじくんがお母さんの絵を描くところを、見ることが出来ました。
「お母さんに口紅をつけてあげよう」
と声をかけると、とても嬉しそうに筆を動かし、髪を描く時も顔に添うようにていねいに、それからやっぱり、ちょっと嬉しそうに描いていました。
「けんじくん、上手に描けたね〜」と言うと、
「イヤッホー！！」
と叫んだので、私まで楽しくなりました。

　何日も子ども達がお母さんの顔を描くところを見ていましたが、どの子もとても楽しんで大好きなお母さんを描き、どこかしら似ているなあと思える絵が出来上がっていました。展覧会を見に行くのが楽しみです。

大根の絵

5歳児 ❊ 4月28日

　今日は、先週描いた大根の絵の色遊びを子ども達としました。
　まず、色をつくります。白、白に近いクリーム色、白に近い黄緑色、緑、黄緑、薄紫、山吹色、と出してみました。しおりちゃん、くみこちゃん達が興味を持って、色遊びをし始めました。実際に体験した大根抜き、目の前にある大きな大根と葉っぱ、大根の花… 子ども達は、自分の思った色を次々に取って遊び出します。
　本当に一人ひとり見方や感じ方が違うんだな〜と、改めて感じます。捉え方は、実にさまざまです。自分の世界に入って色遊びをしている子はとても楽しそうで、しばらくの間は私も見とれていました。
"あ、このへんで完成かな？"と思っても、その子は
「まだまだ」
と言って、自分の気が済むまで描き続けていました。

「できた！」
　この一言で、子どもは満足なのです。出来上がるごとにみんな、
「園長先生に見せてくる」
とはりきっていました。
「"上手に描けたネ"って言ってくれた」
と嬉しそう。園長先生の存在はとても大きいのです。

　かつとくんはもっと描きたかったらしく、午後からも花を描こうとしていました。絵筆と5〜6種類の絵の具を準備すれば、それぞれのイメージを広げて楽しめる力が、子ども達にはあるのです。
　子どもの内に秘めるものは、限りなく深く、楽しいものです。みなさん、大根の絵を見てください。

● 園外散歩

4・5歳　❀　4月28日

　園外散歩。お母さんがつくってくれたお弁当を持って、近くの中山公園へ…。
　4・5歳が手をつないで歩きます。お友達と手をつないで歩く後ろ姿を見ながら、手のひらのぬくもりがお互いに伝わっているのかな…と思ったり、子ども達のそばに行き、どんな話をしているのか聞いたり。

　さんぽのうた、歌おう。
　おむすびころりんの話、知ってる？

タンポポ、ぐみ、つつじがきれいに咲いていました。
お弁当、みんな喜んで食べていました。良い日だったなあ。

たんぽぽ

4歳児 ❊ 4月30日

　たんぽぽのたくさん咲く季節。4月の終わりの日です。

　チェリークラスで子ども達と一緒にいると、絵本を読んで…と持ってきます。その中に、めだかやザリガニ、たんぽぽが出てきました。隣のマスカットクラスにたんぽぽがたくさんあったので、それを持ってきて茎をちぎって笛をつくってみました。かつとくんやあきなちゃんたち、みんなが、とても興味を持ったようで、つくり方を言うと一生懸命していました。ひさとくんは、笛が鳴った時なんともいえない笑顔を見せてくれました。マスカットの子ども達も何人も挑戦していました。

　たんぽぽを使った遊び、もっともっとたくさんあるよ…。

● 環境が変わるということ

4歳児　❀　5月6日

　連休明けの保育園には、元気に登園する子もいれば、大泣きする子もいます。
　大好きなお母さん達と離れるのですから、泣きたい気持ちはわかります。が、
「先生きらい」
なんて言われた日には、先生も泣きたくなりますよね。

　チェリークラスのまきちゃんは、事務所の前のテラスで大の字になり、
「おかあさんがいい」
といつまでも泣き続けています。何をいっても首を横に振り、やっとのことで金魚槽の前に場所を移して、また泣いていました。
　しばらくすると、泣くのをやめてクラスに帰っていきました。お友達がこいのぼりの絵を描いているのに興味を持ったようで、自分もわら筆を使って、泳いでいる様子を喜んで描いていました。そのとき、給食を隣で一緒に食べる約束をしました。

　お昼に行って見ると、まきちゃんのお皿に野菜炒めが残っていたので、苦手なのかなと思ったのですが、ごはんとお汁のおかわりがほしいと言うのでつけてあげると、野菜もきれいに食べていました。苦手ではなかったのですね。

　まきちゃんに
「明日も泣くの？」って聞いてみました。まきちゃんは
「うん」と返事をしました。
　そうよね。明日から急に、にこにこ登園しないよね。と心に言い聞かせつつ、明日は泣かないかも…金魚槽の前で待っていよう…と思っているのですが。どうなるでしょうね。

　次の日、まきちゃんのところに行ってみて、朝のことを聞いてみました。泣

かずに来たとのこと。そうだったんだ…。
「えらいね」
と言ってまきちゃんを抱きしめました。
　今日は泣くどころか、るんるんだったそうです。昨日、あれだけ泣けたこと、明日も泣くと自分で言ったこと…　一日のうちに、いろいろに気持ちが変化したんだろうなあ。
　嬉しかったです。とっても。

ごっこ遊び

5歳児　❋　5月6日

　かつとくんは色紙で蜂の顔と羽根をつくり、背中に貼っていました。まるで蜂でした。かつとくんは、きょうかちゃんとよくごっこ遊びをしています。お父さん役のかつとくんは、きょうかちゃんによく話しかけています。
「おーい、かあさん」「はい、何ですか」
「大根切ってくれ」

「えー？　自分でしてよ〜」
「お〜い、かあさん」「はい、何ですか」
「ごはん炊いてくれ」
「はいはい、それはしますよ」
　…まるで本当の夫婦のようでした。

● 子どもの手
　　　　　　　　　　　　　　　　　　　5歳児　✽　5月10日

　けいすけくん。両手を使ってカブト虫を表現してくれます。
　子どもの手ってやわらかいね。自由自在。

● 笑　顔
　　　　　　　　　　　　　　　　　　　0歳児　✽　5月12日

　ピーチクラスのたけしくんが、タッパーにチェーンリングを入れ、とても嬉しそうに、声を出して笑ってくれるのです。タッパーにチェーンリングをジャラジャラっと入れては、でへ、でへ、でへ…(そう聞こえた)と何度も何度も、近くで見ていてくれる人に笑いかけていました。
　思わず私達も一緒に笑ってしまい、心の中があたたかくなり、幸せな気持ちでいっぱいになりました。

● 誕生会
　　　　　　　　　　　　　　　　　　　3歳児　✽　5月12日

　じゅんくんが、誕生日の写真を撮っています。先月の誕生会前は、写真を撮るのをあれほど嫌がったのに…。誕生日を迎えてからは、
「かわうちじゅんです。4歳です」と言えるようになったらしい。私にマイク係の役をさせて、張り切って名前を答えてくれます。

「今度の誕生会で言える？」と尋ねると、うなずいています。彼は言う気らしい…。
　園長先生にも、4月の誕生会でいただいたプレゼントのお礼を1か月遅れで言うらしいのです…。

🌸 お母さんがいい！！

2歳児　❁　5月13日

　今日のしんごくんは、保育園にやってきても、お母さんと離れたくないのです。
「うわ～ん、おかあさ～ん」
　ごっこ遊びのお菓子袋を持っていっても、泣いています。
「お菓子なんかいらない」
「おかあさんがいい」
　おかあさん冥利に尽きますね。
　どうしようかな…と思いながら話をしていると、新幹線のシールをお母さんが持って帰ってしまったのが悲しいといいます。
「でも、もし保育園においていたら、誰かが欲しいなって言うかもよ」
と言うと、徐々に泣くのをやめました。トーマスの絵のついた空き箱を渡してあげると、それを持ってレールの上を走らせていました。後で行ってみると、絵本を嬉しそうに読んでもらっていました。

🌸 赤ちゃんの時

5月17日

　0歳児の子ども達が、ベビーカーで散歩しています。お花が咲いているのを見ています。4歳児が来て、ほっぺにさわります。
「こうたくんは、赤ちゃん大好きよね。弟のひろみくんはもうだんだんと大きくなって、赤ちゃんじゃないから淋しいでしょう…」
と、ピーチクラスのゆうこ先生が話しかけていました。本当にそうですね。

赤ちゃんの時って少ししかない。さわっても抱いても見ていても飽きない。
日に日に成長し、澄んだ瞳に吸い込まれそうになる。
　大事にしたい、赤ちゃんの時を。それからやっぱり、その時しかない、幼児期を…。

🌸 運動能力測定・春

3・4・5歳児　❀　5月20日

　ボール投げ測定の日。今年で3年目の測定なので、少しずつ子ども達も保育者も慣れてきたり、工夫も出来、ひろこ先生やたつお先生も手伝って下さったので、スムーズに測定できました。
「空までポーンと投げるのよ」
の声に、体ごとジャンプするように投げる子もいたり、投げようという気持ちは満々でもボールが手からなかなか離れなかったり、ピッチャーのように両手を高く上げてかっこ良く投げたり…　子ども達の思いがよく出ていたように思いました。

それにしても、たつお先生のボールの落ちた地点を読み取る目の良さには感動です。
　5歳児は、立ち幅跳びもしました。砂場の横の地面でしました。目安の線を数本引いてあげたこともよかったようです。

遊具・玩具

1歳児　❋　5月29日

　ストロベリークラスに行き、子ども達と遊びました。手作りの玩具がたくさんあります。中でも、ダンボール箱に流し台の黒いゴムを取り付けて、中に入っているものが引っ張り出せるようになっているのは、ときどき中のものが変わるらしく、引っ張り出せる楽しさと出てきたものを見る楽しみがあってとてもいいな、と思いました。
　玩具棚に並んでいる遊具たちを見ると、保育者が子どもの成長を考え、楽しく遊べるようにと心を込めたものが多いことに、嬉しくなりました。遊具も保育者と同じように働いている…と思うと、どんな遊具や道具を用意、準備する

か…。
　保育を考えていくときに大切な視点だと思います。

🌸 小動物

　　　　　　　　　　　　　　　　　　　　　　　　　5月30日

　2羽のうさぎや、8羽いるうこっけいに、名前がつけられました。
　うさぎは、ププリンとキモリ。うこっけいは、ぽぶ、こっこ、みやこ、あかね、けんた、そにん、すたー、まりん。
　うさぎはすぐわかるのですが、うこっけいはだれがだれかよくわかりません。でもずーっと見ていると、羽が少し抜けていたり、ほっぺの下が少しピンクだったりと、ちょっとずつ違いがわかってきます。
　ただ漠然と見るだけでなく、個性を捉えてよく見ること。大切なことだなあ…。

🌸 家族ごっこ

　　　　　　　　　　　　　　　　　　　　5歳児　❀　5月末

　5歳児が5〜6人でごっこ遊びをしていました。一輪車の練習用バーに、ござを掛けてお家をつくり、その中にどうもお父さんがいるらしく、少し離れたところで男の子3人がお団子をつくっていました。お母さん役のみつきちゃんは自転車に乗っていて、お家の周りを何周も走っています。

「お母さん、そろそろご飯の用意しなくていいの？」と尋ねてみると、
「ご飯はお父さんがつくっています」
と言うので、お家の中をのぞいてみると、こうたくんがせっせとお団子をつくって並べていました。私にもごちそうしてくれることになったので、ござの端に座らせてもらい、みんなが出してくれるお茶やお団子をいただくことになりました。

「う〜ん、毎日お団子でもいいけど、ときどきお寿司や焼肉とか食べたくならない？」と聞くと、
「そういうのはお店に食べにいくんです。焼肉やお寿司はお店に食べにいくんですよ…」
と言われ、妙に納得してしまいました。

解題 ── 春

今しかない。

桜の季節があっという間に過ぎ去るのと同じように、保育の世界も、今しかないそのときが、一番大切にされるべきものと思います。

日本の保育の世界を切りひらいてきた倉橋惣三は、こう語っています。

> 子どもの心もちは、極めてかすかに、極めて短い。濃い心もち、久しい心もちは、誰でも見落とさない。かすかにして短き心もちを見落とさない人だけが、子どもと倶にいる人である（『育ての心』）。

今、本当に楽しみを親しくわかち合うとき、どうしようもなく泣いてしまう子を目の前にする時、願いを伝えられるとき、遊びの世界に誘いかけられるとき。あとから何か言ってみてもはじまらない。その瞬間にどう応えるか、保育者はいつも問われています。

赤ちゃんの日々は二度と帰らない。一日一日と子どもたちは成長し続けていて、どんな力が加えられたとしても、その成長は、止めることなどできないものだと思います。

それでも、その大切な子ども時代の一瞬一瞬をともにしたことは、どこかでその人の未来に生き続けているのだと思います。遥かな思い出として、今に生きる面影として。

（西）

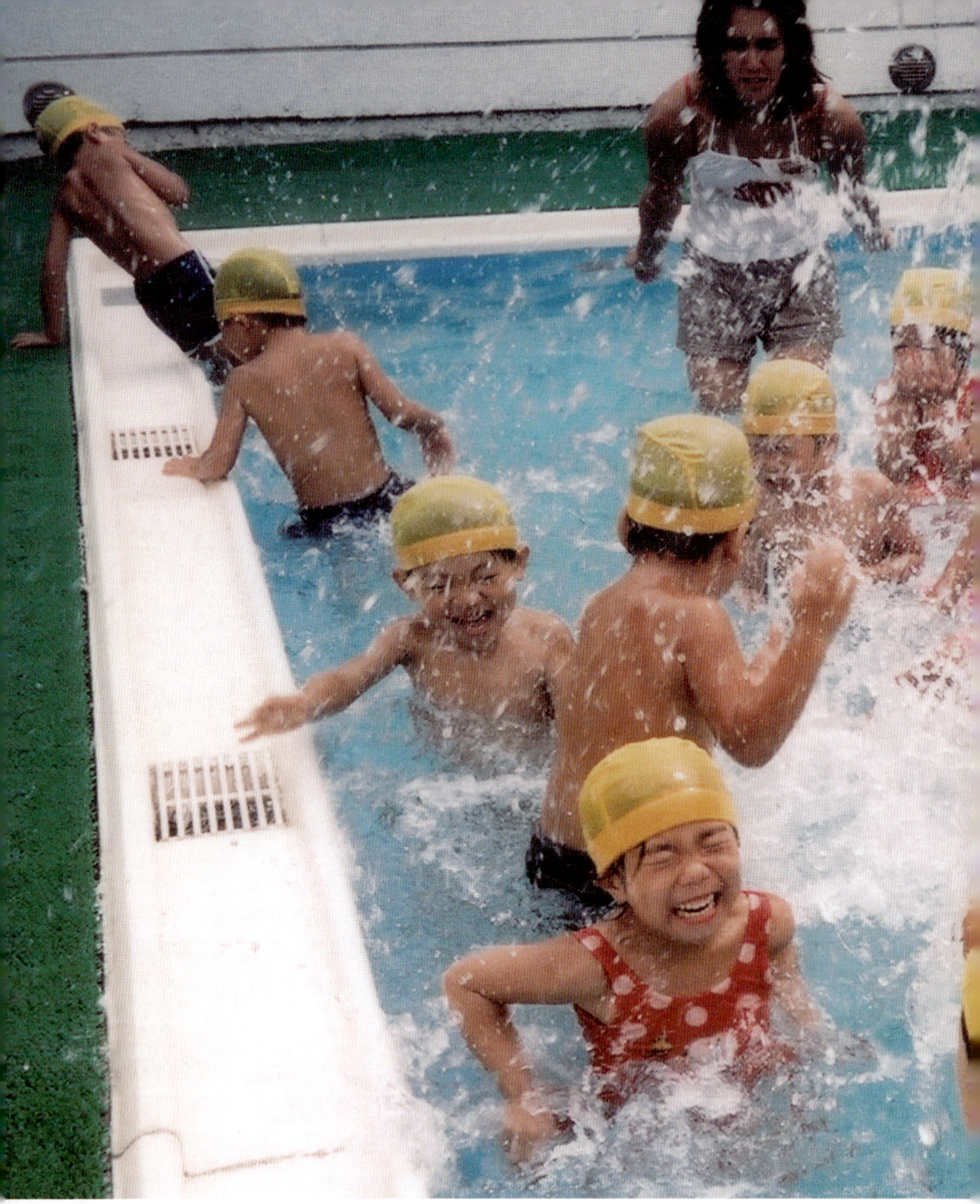

夏　きらめく太陽、水、遊びの中で育まれる感性。

⋯⋯ → 夏 ← ⋯⋯

🌸 かぼちゃのポタージュ

　　　　　　　　　　　　　　　　　　3歳児　✤　6月2日

　給食に、かぼちゃのポタージュが出ました。3歳児クラスで食べていると、
「かぼちゃの匂いがするよ」
「かぼちゃのスープなのよ」
「え？　どこにかぼちゃが入っとん」
と、みんな必死で探します。
「みほこ先生、どこにかぼちゃが入っとん？」
「う～ん、だから、一度つぶしてスープにしたの」
と言っても分らない。でも、香りはするらしい。
　いずみちゃんなどは中に入っているパセリをすくって、
「これがかぼちゃ？」
と言っていました。想像するのはまだ無理なのですよね…。

🌸 ぬけがらくん

　　　　　　　　　　　　　　　　　　4歳児　✤　6月6日

　チェリークラスの指導計画の反省を読んでいると、えいこ先生が次のように
書いていました。

> てんとう虫の幼虫のぬけがらを見つけた子どもが、「ぬけがらくん」
> と命名し、かわいがり、とても大切に手で持っていた。周りの友達にも
> 「ぬけがらくんだよ」と言いながら見せてあげていた。

> 虫に名前を付けることにより、更に興味が増したと思う。しっかりと自然にふれ、いろいろな発見をしていって欲しい。

えいこ先生、よく子ども達のこと見てましたね！

● 収穫とクッキング ─ 玉ねぎの卵とじ
5歳児　❀　6月7日

　保育園の畑でできた玉ねぎを収穫しました。みんな嬉しそう。
　綺麗に洗って、皮をむいて…。半分に切ったものを包丁でみんな一人ずつ切ってみよう…。
「手はね、猫の手にして。よく見て、切るよ」と声をかけます。
「玉ねぎ炒めて〜」
　みんなで炒めます。飛び出したものは、食べたり入れたり。
「卵割って〜」
　コンコン　グシャ　ア〜レ〜。混ぜて、炒めたところに入れ、味付けをし

て、できあがり。
　この日、野菜嫌いのしょうたろうくんがペロリと食べたんですよ。よっぽど楽しくておいしかったんでしょうね。

● 隣で食べて①

4歳児　❋　6月7日

　チェリークラスでお昼を配っていると、
「今日ここで食べて」
「隣に来て…」
とみんなが言います。さやちゃんは
「明日泊まりに来て…」
と言ってくれました。
「え？　明日泊まりに？　隣じゃなくて？」
「うん、ベッドが1、2ってあるから、来てね」
　さりげなく上手に誘いますね…。

🌸 隣で食べて②

4歳児 ❀ 6月8日

　4歳児クラスでの給食の時のこと。さやちゃんの隣に座ると、いずみちゃんが
「昨日座ってくれるって言った」
と言い、机に伏して泣き出して、大変な騒ぎになってしまいました。一人ずつ、みんなの隣に座らなければ…。
　いずみちゃんに説明してみます。
「順番ね。りょうせいくんの隣に行くことになってるの。」
と言うと、そばで聞いていた、かいくんが
「そう、そう言ってた。ぼくも聞いた」
と言うではありませんか。恐るべし…。いずみちゃんは納得したのかなあ。
「今度は口紅つけずに来てみて！！」
などと言われてしまいました。

🌸 園長先生の存在

4歳児 ❀ 6月10日

　チェリークラスで給食を一緒に食べていると、
「園長先生は？」
と何人もの子どもに聞かれます。出張に行かれていることを話すと
「どこに行ったの？　お勉強…？」
など、必死に尋ねます。子ども達のところへ行くと毎日誰かが必ず聞くのです。
　事務所には、園長先生と私がいるので、私がどこかのクラスでご飯を食べると園長先生が一人で淋しくないかなあ…と子ども達は心配しているのです。園長先生とみほこ先生は、仲良しだと思っているらしく、子ども達の思いやりの深さや感じ取る敏感さに、子どもを取り巻く人間関係を重ねて思う日々です。

🌸 子どもと絵本

1歳児 ✿ 6月13日

　ストロベリークラス。『あなたはだあれ』の絵本が大好きです。
"だれでしょう" "ワンワンワン" "ワンワンワンではわかりません。あなたはだあれ？"
　動物の鳴き声の響きを楽しみ、すぐに模倣する子ども達。
"メェメェメェ…"
「メェメェメェ」とすぐに言う子…。
「ワンワンワン」
と先ほどの言葉をそのまま繰り返し楽しんでいる子…。とさまざまです。
　一冊の絵本。子ども達はそれぞれの楽しみ方をするのですよね。

🌸 良い匂い！！

5歳児 ✿ 6月15日

　廊下で遊んでいたりょうたくん達。ごまを油で揚げたような香ばしい香りがふっと廊下に流れた…と思った瞬間。
「あ、良い匂いがする」
とりょうたくんが言い、かいくんも
「本当、良い匂いがするよ」
「給食場だ。聞いてこよう」
とすぐに飛んでいきました。
「なんとか揚げ」
「え？　なに揚げ？」
「てんぷらだって…」
と声をはずませて言うりょうくん。匂いに敏感です。
　なんとか揚げ…は、ナッツ揚げでした（笑）。

行っては帰る楽しさ

1歳児 ❋ 6月16日

　1歳児クラスの出入り口のドアを、締め切らずに開けていた方がよいのでは…との園長先生からの助言について、担任とも話し合い、開けておくことにしました。
　次の日から、ドアが開いていると、子ども達は嬉しそうに出ていって事務所に入り、園長先生に
「ばあちゃん」と言い、園長先生は
「おねえちゃんよ」
と教え、保育者に見守られながら、またお部屋へと帰っていくのです。
　廊下で、テラスで…と遊びが広がっていくように思います。新しいものを求めて歩き出し、行っては戻る1歳児ならではの活動が、これからどんどん展開される嬉しい予感がします。
　行っては帰る…　人間の習性かな。温かく優しい眼差しの人に、ずっと見ていてほしいということも。

ケンカ

5歳児 ❋ 6月16日

　ランディくんとせなくんが取っ組み合いのケンカをしています。久しぶりに子ども達のケンカの場面に出会いました。黙ってつかみ合っています。ひろき先生がそばにいてやめさせようとする気配でしたが、二人が持っていた虫取り網はあぶなくないよう渡してもらって、ケンカは続投。ランディくんとせなくん、相撲で勝負。しおんくんも加わり、3人で…。
　どちらも強い。そしてどちらにも負ける。不思議だね。
　ランディくんの隣で給食を食べました。
「今日は楽しかった」
「何が？」

「せなくんとのケンカ」
「そう…」
「子やぎごっこも楽しかったよね…」
　それから、みんなでいろいろな話をしました。

● ひまわり

　　　　　　　　　　　　　　　4歳児　✿　6月18日

　裏庭のひまわりがものすごくきれいに咲いています。
　あんまりきれいなので、さわってみました。4歳児の子ども達が何度も見にいっていました。ひまわりがどこに咲いているか、よく見つけていたこと、花びらや葉っぱ、茎の様子もよく見ていたこと、蜂も飛んで来たこと、それから担任の先生とひまわりの背の高さが同じくらいだったこと。いろいろに子どもの心に残ったことでしょう。わら筆で画面いっぱいのひまわりを表現していました。

● ちょっと恥ずかしい

　　　　　　　　　　　　　　　5歳児　✿　6月23日

　マスカットクラスで給食。じゅりちゃんの隣に座りました。私の方を向いて食べるので、前を向いて食べてと言うと、
「だって気になるんだもん…」
と言うのです。
　そして帰りに絵本を読んでくれました。
　絵本の中では、お母さんが、赤ちゃんにおっぱいを飲ませています。
「小さい時は、お母さんのおっぱい飲んでたよね」って話したら、
「なんでかあさんなんじゃろ」って。
　こくこく飲みました…
「なんでこくこくなんじゃろ」

と、恥ずかしそうに言っていました。

🌸 これはゴム！

　　　　　　　　　　　　　　　　　　　　1歳児　❀　6月28日

　ストロベリークラスのたいちくん。私の手首にしていた髪留めのゴムを指差し
「何時？　何時？」
と尋ねます。
「12時45分、でもこれゴムなんだけどなあ」
と余計なことを言ってしまいました。
　夕方また行ってみると、私のゴムをさわりに来ます。こちらが逆に
「何時？」と聞いてみると
「これは、ゴム！」と言うではありませんか。
　遊ばれているのは完全に私の方でした。またしても、恐るべし1歳児です。

🌸 友　達

　　　　　　　　　　　　　　　　　　　　3歳児　❀　6月28日

　3歳児が赤い屋根のお家で遊んでいます。かいりくんがお家の中心にいて、お店屋さんになって食べものをつくっていました。中心といっても、同じところで遊んでもいいな…と思っているだけで、4人の子ども達が同じ目的を持って遊んでいるわけではないのですが…。
「何屋さんですか？」と尋ねても、「〇〇です」とは誰も言わず、コーヒーカップやお皿に何か入ったものを出してくれました。

　食べているうちに、りゅういちくんが来て、
「入れてくれない…」と訴えるので、
「りゅういちくん、もう1回みんなに聞こえるように言ってみたら？」と言ってみると、

「入〜れ〜て」と、がんばっています。そばにいた、たくみくんが
「入れてあげようよ」と言いましたが、かいりくんは、
「だめ。」の一言。
「え〜、先生は入れてあげてほしいな…」
と言うと、みんな黙っていました。
「だって、かいりはりゅういちくんのこと大キライなんだもん…」
　な、な、なんということを…。りゅういちくんの気持ちを考えると…と振り向くと、
「りゅういちはな、かいりくんのこと大スキだよ」
と大きな声で言って、りゅういちくんは総合遊具の上に登っていきました。

「かいりくん、りゅういちくんは、かいりくんのこと大スキなんだって」と言うと、かいりくんは、「うん」と頷いて、赤い小屋を飛び出して総合遊具の上に行き、
「りゅういちくん、来て〜。一緒に遊ぼう」
と言ったのでした。その後、中へ入っていき、一緒に何やらつくっていました。
「りゅういち、お母さんとスキスキするんよ」
「かいりもスキスキするよ！」
という会話が聞こえてきます。
　そして、りゅういちくんのお母さんはお父さんに、
「今日も、もうけてきてな〜」
と言うらしいのです（笑）。

● プール遊び

5歳児　❀　7月8日

　マスカットクラスの子ども達と、プール遊びをしました。
　顔つけ・浮身・バタ足・飛び込み…　5歳児の最終的な目標としては、飛び込んで、バタ足やほかの泳ぎ方で数メートル、できれば息継ぎもできるように

なってほしいところです。
　竹の棒を両手で持って進む体験で浮身の感覚が自然についたり、宝探しをしながらもぐることを覚えたり…　どのようにすれば意欲を持って次の段階へと進めるか心を配りながら、一人ひとりに合った指導をしていくことがとても大事だと思います。保育者がやって見せることも大事だなあ。

　今日はプールの補助に来てくれているあかねさんに、座った姿勢から飛び込んで浮くやり方を見せてもらいました。とても上手で子ども達も喜んで見ていました。
　勇気を出して子ども達が挑戦できるよう見ていたいです。

🌸 蝉と子ども①

　　　　　　　　　　　　　　　　　　　　　　4歳児　✿　7月14日

　暑い〜。この暑さは何事？　というほど暑い。
　蝉の声が聞こえ始めました。チェリークラスへ行くと、ひびきくんがそばに来て、
「先生にも蝉の声聞こえる？」と言うではありませんか。
「聞こえてるよ。蝉がもう鳴き始めたね。蝉取り、またしようね。網を用意しておくから…」と答えると、
「うん…」
　ひびきくんの目はキラキラと輝いていました。

🌸 蝉と子ども②

　　　　　　　　　　　　　　　　　　　　　　4歳児　✿　7月15日

　給食のとき、チェリークラスに行くと、ひびきくんが再びやってきて、
「蝉の声してる？」と聞きます。
「今日は聞こえないね。あんまり暑いからかなぁ」と言うと、すぐに

「蝉は暑いから出てこないんじゃないよ… 暑い時に鳴く！」
と言われてしまいました。そりゃそうです…。
　お昼寝でクーラーを少しの間つけるためにドアを閉めていると、
「セミが鳴くのが聞こえないから開けて！！」
と担任の先生にお願いしていました。ひびきくん、蝉にとっても関心があるんですね。

🌸 じゅんくんの結婚

4歳児 ❀ 7月15日

「かいくんとかおり先生は結婚するんだって」とじゅんくんが教えてくれました。
「ふ～ん、じゅんくんは？」
「ママと」
「え？　ママ？　ママはじゅんくんを生んでくれた人じゃないの？」
「あ、パパと結婚しとんじゃった…」
（子どもを生んでいるということは、結婚しているんだとわかっているらしい）

「じゃあ、りさとする」
「え？　お姉ちゃん…。きょうだいでもできないんじゃないかなぁ…」
「じゃあ、だれとすればいいん」
「たとえば、このクラスのお友達とか…」
「え？　男とできる？」
「男同士はちょっと無理かもね」
「どうして？」
「どうして？　えっと…法律で決まってるからね」
「どうしてお友達と結婚せんといけんの？」
「お友達っていうか、たとえばっていうことよ」
と、少々ムキになって言い合っているのを、ゆりか先生は隣で笑いながら、聞いていました。

🌸 質問です！

5歳児　❀　7月15日

りょうたくんが来て、
「先生、僕のお母さんはなぜ僕のことを好きでしょうか。
　1番、大きくなったら王子さまになれるから。
　2番、大きくなったら、お医者さんになれるから。
　3番、少し嫌い？？」
「その中から答えるの？」と言っているうちに、
「答えは、1番と2番です！！」と自分から教えてくれました。
「王子様でお医者さんかぁ…」　なるほど…。

🌸 再び、隣で食べて

4歳児　❀　7月21日

「今日どこで給食食べる？」

「昨日メロンクラスだったから、今日はチェリー？」
「そうね」
「じゃあ、りりこちゃんの隣に来て」
「ともかの隣にきて」
「う～ん。そうしようかなあ」
「チェリーに来てよ」
「隣に来てよ」
「うんうん、そうするよ」
「隣に来てよ」
「隣って、メロンじゃないよ。チェリーだからね」
「わかってるって…（笑）」

ピーコちゃんをめぐって

5歳児 ❋ 7月30日

　事務所でおかめインコを飼っているので、マスカットクラスのしおんくん達が見に来て、いろいろ話しかけています。
「何かしゃべる？」
「ピーコちゃん、って言うよ。それから、口笛を吹くように良い声を出すよ」
と言っても、今日はどうしたことか、ピーコちゃんはうんともすんとも言いません。
「鳴き方忘れたのかなぁ…」と言う、しおんくん。最後には、
「もっと小さい時からちゃんと教えとかんからよ」
と言われてしまいました。

第1章　保育園の四季　　49

● 絵本と子ども

　　　　　　　　　　　　　　　　　　　　　2歳児　❋　7月

　さやちゃんやいずみちゃんは、いつも先生に読んでもらっている絵本を持って来て、私に読んでくれます。本当に大人が読むように、すらすら、ペラペラ…？　後ろに2冊くらい準備して、絵本は逆さまでもおかまいなし。こういう時って自分が読んでもらった嬉しさを表しているのかな。
　絵を見ながら、記憶に残っていることや、思うことを素敵に再現してくれる2歳児の子ども達に、絵本を読んであげることの大切さを思い、保育者そっくりのしぐさや口調に恐ろしさを感じたりもするのです（笑）。

● カブトムシになった

　　　　　　　　　　　　　　　　　　　　　5歳児　❋　8月7日

　給食は、冷麺とおにぎりとスイカです。子ども達は大喜び。
　そうたくんは、

「カブトムシになってスイカを食べてみよう…」
と手を使わずにスイカに吸いついていました。本当にカブトムシが蜜を吸っているようでした。スイカがお皿から持ち上がっても吸い続けていました。
「なんでこうできるかわかる？」
と言ったため、スイカが口から離れてまたお皿の上に乗りました。
「わかるよ。そうちゃんが一生懸命吸ったからでしょ。カブトムシのように」
と言うと、にんまり笑っていました。
　子どもってすごい。カブトムシ食べができるのですから…。
　カブトムシになりきっていたに違いないのです（笑）。

🌸 見てるからね

3歳児　✻　8月10日

　メロンクラスで食事をしました。
「昨日はチェリークラスで食べた？」
「マスカットクラス？」と尋ねられます。
　みつるくんは、ボウケンジャーとマジレンジャーの話をしてくれました。最初は、お化けの話だったのですが…。ボウケンジャーならお化けに勝つという話になり、マジレンジャー、ひびき、かぶと、プリキュア…と次々にヒーローが登場。
「みつるくん、みほこ先生も本読んでくるよ」と言うと、
「デパートの2階の本屋さんにあるよ」と場所まで教えてくれました。
　ごちそうさまの後、
「じゃあまた明日お話しようね」と言うと、
「明日はチェリーで食べるんでしょ。みつる、メロンから見てるからね」
と言うではありませんか。
　みつるくん、3歳児クラスになった最初の頃は、
「みほこ先生は、メロンで食べるの？」
と聞いていたのに、今では、メロン、チェリー、マスカットと順番に回ってい

くことを知ってるんですよね。成長したなあ…。

🔴 水遊び

8月11日

　暑い一日でしたが、園庭ではさまざまな場所を使って、各年齢ごとに水遊びを楽しんでいました。0歳児はパラソルの下で水遊び、1歳児は園内を流れる川で、2歳児はスライムと水遊びに分かれて、そのそばで、3歳児が魚釣りとスプリンクラーで、そして4・5歳児はプール遊びをしていました。

　年齢に合った大きさの容器と、興味の持てる環境、川やプール、木陰の水遊び…。それぞれに重なり合わず、でも周りの様子が感じられる環境。ひとクラスずつ見て回ると、子ども達はとても楽しそうで、保育者はもっと楽しそうでした。遊びの終わりには、シャワーを浴びて、衣服を着替えるところまでの、動きや場所、入れ物などすべてに工夫がされていて、本当によくがんばってるなあと感心しました。水遊びは子ども達が喜ぶけれど、準備や片付け、着替えなども忙しく、また危険も伴うので、十分な配慮が必要ですね。

　各クラスとも、毎年良い部分を引き継ぎ、新しい感覚や準備物を使った遊びももちろん取り入れながら、夏の遊びを満喫させてあげたいな…と思っています。

🔴 蝉取り

5歳児 ❋ 8月17日

　マスカットクラスの子ども達が蝉取りをしています。麦藁帽子をかぶって網は一つ、虫籠も一つ。お友達は6人。みんなで探していました。
「あ、あそこにアブラゼミ、クマゼミもとって」
「アブラゼミってどんなの？」
「羽が茶色、クマゼミは黒くて羽が透き通ったやつ。つくつくぼうしは少し小さいよ」
「よく知ってるね」

ちょっと高いところは届かないので、私にとってくれと言います。小さい枝が邪魔をして逃がしてしまいました。
「あ〜。逃げた。大丈夫、今度はこっち」
「もう、また逃がさないでよ」
　逃がしたくて逃がしてるんじゃないんだけどね。逃げられた時の残念な気持ちもいいと思うんだけどなあ。
　逃げる時におしっこをかけられ、
「今、おしっこして飛んだね…」とよく見ている子もいました。
「ぼくにもかかった〜」
　蝉におしっこかけられるって、ちょっと夏しか経験できないよ。

　この後、次々とつかまえてあげました。つくつくぼうしも今年はじめてつかまえました。出てくるのが少しほかの蝉より遅いのかな？
　蝉を探す人。網で取る人。取った蝉を虫かごに入れる人。虫かごを持ち歩く人。というように、6人で役割を分担していました。

　途中でカマキリの卵を発見。これはとれないね。
「ねえ、カマキリって、この卵から一匹生まれるの？」と尋ねてみると、
「違うよ。たくさん生まれるよ…」
と言う。意外といろんなことを知っているものです。子ども達って。図鑑や、絵本、ビデオなどで見たのかな。子ども達と一緒に過ごしていると、いろいろなことを発見したり、教えあったりしていることがよくわかります。

　夕方、担任の先生に蝉取りのときの子ども達の思いを伝えなきゃ、と思って話していると、その後の話を聞けました。給食の後、つかまえた蝉達がジ…ジ…と弱ってきたので、逃がしてあげよう、ということになり、今日一緒に蝉取りをした人たちが一人ずつ、何かの儀式のように、一匹ずつ逃がしてあげ、全部とんでいった時に拍手をして送ってあげたらしい。そう…。そんなことがあったんですね。

「子ども達は蝉のことをよく知っているね」
と尋ねると、蝉が生まれてから飛び立つまでを描いた絵本と出会って、子ども達の蝉に対する思いが変わったこと、園だよりに書かれた蝉のいろんなお話を興味深く見ていたことなども、教えてもらいました。さすがに、担任の先生は、そのときを見ていなくても前後の子どもの様子や会話から、よく理解してるなあ、と感心しました。

この絵本は、素晴らしい絵本ですよ。絵本で育つものは計り知れないものがあると思います。保育者の仕事もまた計り知れないですよねえ…。

蝉取り網のためなら…

5歳児　＊　8月22日

マスカットクラスのこうたくんに、
「蝉取り用の網を買わないとボロボロだね」
と言うと、花を活けようとする私について歩き、
「その花を活けたら網買ってくる？」と聞きます。
「お昼にね。それより、こうちゃんはここにいても大丈夫？」と尋ねると
「うん、大丈夫だよ、手伝おうか？」
などと優しいことを言ってくれます。
　いろいろな種類の花の中で、白いトルコキキョウが一番好きだと言います。二番目は、ピンク色のカトレアっぽい花。
　私が三本の花の長さを見ていると、
「先生、まとめて切った方が早いよ」と助言してくれます。そして、
「一本僕がしてあげる」
と、備前焼の大きな花瓶の中にさっと活けてくれました。
「う〜ん。なかなか良いところに入ったね」
　お水を頼もうと思い、こうちゃんに
「ジョロかドッジの時に水を引くやかんのどちらかに、お水汲んできてくれる？」

と言うと、しばらく考えていましたが、なんとそのどちらでもなく、ブルーの大きいジョロに水をいっぱい入れて、持ってきてくれました。
「ありがとう」
　早く網を買ってきてもらおうと、こうちゃん必死でした…（笑）。

　約束通り、お昼に8本網を買いました。明日の朝、マスカットクラスの廊下に置いてもらうことに。こうちゃん、喜ぶかなあ…。

● なんで蝉が好き？

5歳児　✽　8月23日

　こうたくんが給食場にやって来ます。
「先生〜」
という声が聞こえたのでそばまで行ってみました。給食の先生が出てきてくれると、
「先生、今日の給食おいしかったよ」と言っていました。
「こうちゃん、そんな思いが言えるんだね」
と後ろから小さい声で言うと、こうちゃんが振り向いて走ってきたので抱きしめます。
「今日は、蝉取りしたの？」
「ううん。今日はプール。明日はできると思う」
「明日、みほこ先生、キャンプに行くからいないのよ。
そうそう、こうちゃんは、なんでそんなに蝉のこと好き？」
「それはな、蝉は、世界で一番だから。あぶらぜみ、クマゼミ、つくつくぼうし…っていっぱいいるから」と教えてくれます。
「世界で一番ってくらい好きってことかな。トンボやカマキリもいるけどね」
と言うと、
「トンボも好きだよ」と言います。
　そして最後に、

「じゃあ、明日の明日会おう」と言うので、
「キャンプからお昼頃に帰ってくるので、あさっては会えるね」
と言うと、右手で合図をし、そのままお部屋へ帰っていきました。なんだかかっこいいこうちゃんでした。

　また用事があってマスカットクラスへ。こうちゃんが話があるというので、そばに行ってみることに…。
「何？　話って…」
　これという話はなかったようです。そこでしつこく蝉が好きなわけを聞いてみると、
「それは、蝉っていろいろな種類があるから好きなんだ」
と言うのです。さっき言ったことをちゃんとまとめて違う表現にしているところなど、素晴らしいではありませんか。

🌸 赤ちゃんのやわらかさ

　　　　　　　　　　　　　　　0歳児　❁　8月24日

　たくまくんを抱きました。産休明けで入所したばかりの赤ちゃんです。やわらかく、消え入りそうな気さえします。優しく抱かなければ…と思います。髪、目、口、手の指まですべて、見つめて…　見とれてしまいます。

🌸 一緒に遊んだね

　　　　　　　　　　　　　　　2歳児　❁　8月26日

　夏もそろそろ終わり…というわけにもいかない、残暑の厳しい日々。バナナクラスの子ども達とシャボン玉をしました。大きいシャボン玉をつくる子、つぶす子、泡遊びになる子、手を洗っている子など、さまざまです。私もシャボン玉を夢中でつくりました。
　その後、ランチルームを通りぬける時、りゅうたくんが
「みほこ先生、バイバーイ、今日シャボン玉で遊んだね」

と声をかけてくれました。
「そうだね、一緒に遊んだね」
　子どもというか、自分が一生懸命遊んでしまったのですが、子どもはちゃんと見てくれていたのでしょう。今日一緒に遊んだことを言ってくれていました。よく覚えていてくれたなあと、少し驚いたのですが…　なんだか、シャボン玉をした時よりも嬉しかったなあ。

● ランチルームの子ども達
2歳児　❊　8月26日

　ランチルームを出て、用事を済ませて戻ってくると、みんなが
「おかえり〜」と言ってくれます。
「ただいま」と言うと、
「どこに行ってたの？」と尋ねてくれました。
「ちょっとそこまでね。用事が済んだから帰ってきたよ」
　2歳児クラスは楽しいです。ランチルームでは、食事をしながら、言葉や思いが溢れる毎日です。食器の音、食べている感じ、友達との会話、待っているひと時…。この部屋ほど温かく楽しく、ほのぼのとして、家庭的な雰囲気の部屋はないかも…と思えるほどです。

● お風呂のお湯は新聞
2歳児　❊　8月

　少し大きめのやわらかいブロックは、さまざまな形に変化していきます。
　並べて、重ねて、バスをつくって、みんなで買い物に行ってきます…と嬉しそう。
　今日は、大きく枠をつくり、その中に新聞紙いっぱい入れておふろごっこか、プールごっこかな？　をしていました。歓声を上げて楽しそうだったので、園長先生が、

「みんな気持ちよさそうだね。お風呂のお湯が」と言うと、
「えっ、新聞よ」と言ったらしい。その気になって遊んでいるかと思うと、急に現実に戻る子ども達です。

🔴 夏の子ども

5歳児 ＊ 8月

　35度前後の暑い日が続きます。マスカットクラスの子ども達は、大粒の汗を頭や顔から噴き出しながら、部屋で遊んでいます。でも、元気です。
「汗びっしょりだね…」
「えっ、だって遊んでいるから…」
　久しぶりにこういう姿を見るなあ。

> **解題** ―― 夏
>
> 　どれだけ暑くても、そんなことはおかまいなしに、駆け出していく子どもたち。それにつられて、私たちも汗だくになって遊びます。
> 　蝉のことならどんなことでも、すぐに心がはやり、なんでも知りたいし、鳴き声も聴きたくて、みんなと一緒に、心の扉を開けてしまう…
> 　純粋で、充実した心。そこには、大人の損得勘定など入り込む隙もありません。
>
> 　　　保育者自身、子どもとの遊びにまきこまれて、夢中になって過ごしたときは、子どもとともに生きることのできたときであると思う。そのようなときには、そこで起こったことをほとんど思い出せないくらいであるが、最も本質的なことがとらえられているときでもあると思う（津守眞『保育の体験と思索』）。
>
> 　子ども時代。我を忘れ、本当に夢中になれるものがあること。その純粋な気持ちを持ち続けられること。それが、その人の一生を変えていきます。
> 　そんな子どもたちの傍らにいて、私たちもその純粋な世界に導かれることは、真に幸福なことだと思うのです。
>
> 　　　　　　　　　　　　　　　　　　　　　　　　　　　　　（西）

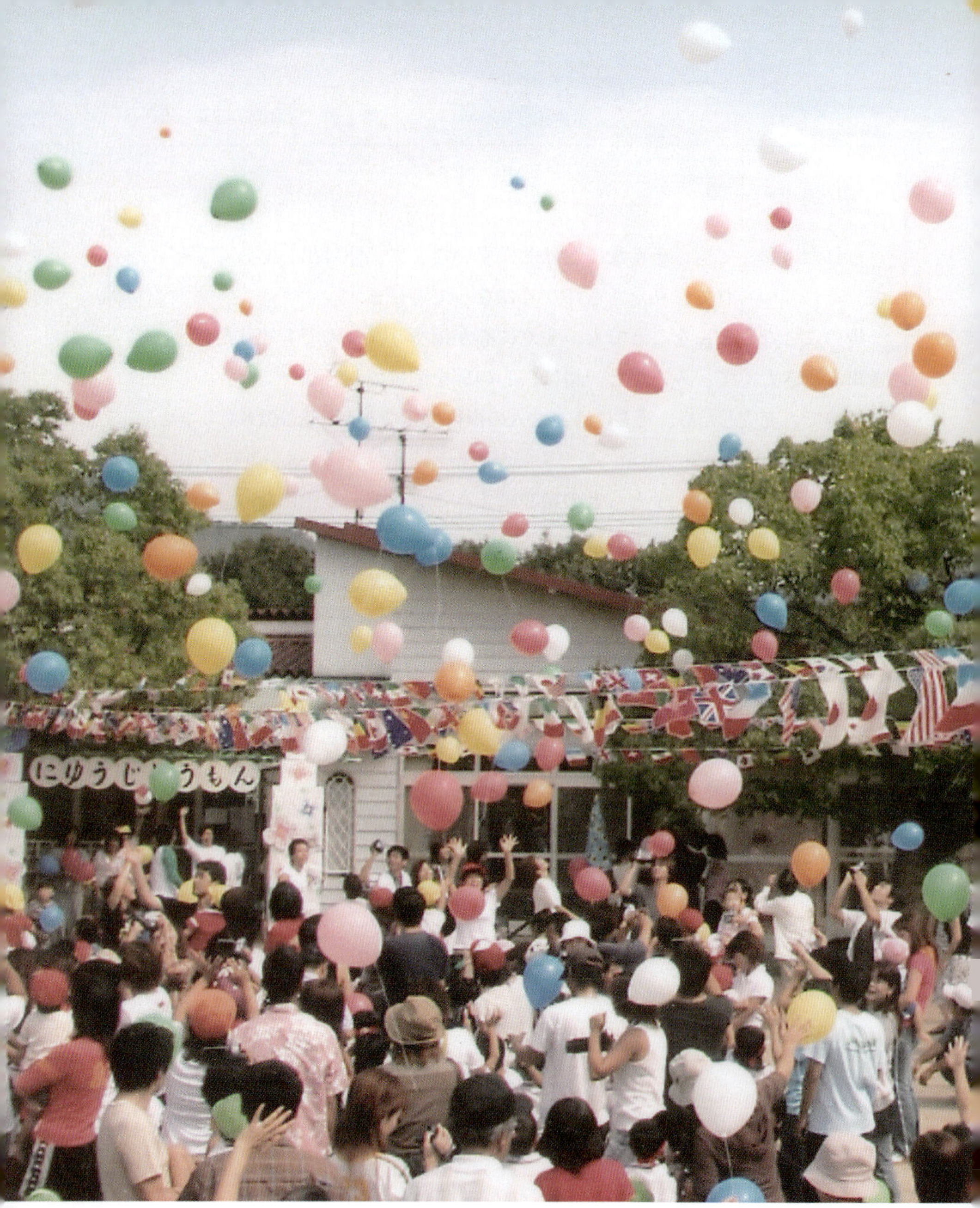

秋　澄みわたる青空に、子ども達の夢をのせて。

--- 秋 ---

🌸 まだまだ暑いね

5歳児 ✾ 9月4日

　プールじまいをした後から真夏の暑さが帰ってきてしまいました。子ども達も不思議に思っているらしく、
「どうしてまだ蝉が鳴いているんだろう」
「どうして秋なのにこんなに暑いの？」
「わかった。太陽が、もう少し夏で暑くしておこうって思っているんだ…」
とそれぞれに言っていました。
　夕方にやっと、砂場で遊べるくらいの暑さです。子ども達はものすごく元気なのですが、一緒に落とし穴作りやかくれんぼをした私は、海へ行ったような気分になりました（砂場の砂が海の砂みたいなのと、汗と、歓声のため…）。

　毎日、とっても暑いのですが、子ども達は、本当によく遊び、よく動き、よくくっついてくれます。本当に暑くて汗びっしょりなのに、背中から飛びついたり、膝に座ったり、手を引っ張ったり、まとわりついてきてくれます。暑さや汗も子ども達には違和感がなく、元気いっぱいだったりします。そのうち汗だくになりながらくっついてくる子を順に抱きしめ、暑さを共有し合う楽しさ（？）を味わう私でした。

🌸 粘土遊び

2歳児 ✾ 9月5日

　2歳児クラスの粘土遊び。最初は人参やジャガイモをつくっていましたが、

「虫の味のにんじんよ〜」とか、
「象さんのしっぽと皮よ〜」
とおもしろいものをたくさんつくっていました。
「虫味の人参食べて〜」と言うので、
「苦いよ」と言うと
「だって、虫味じゃもん！」
と嬉しそうにしていました。いろいろと不思議なものをつくってくれるものです…。

跳び箱への挑戦①

5歳児 ❁ 9月6日

　跳び箱が跳べた時の嬉しさ、覚えていますか？
　5歳児クラスのつよしくんは、今日、200回くらい練習していました。お昼前に、4段と5段が跳べるようになり、とても嬉しそうなつよしくんでしたが、午後からはちょっとタイミングがずれ、また跳べなくなってしまいました。おかあさんに見せてあげようと思ってまた一生懸命練習を続けています。
「手をつく位置がだめだ〜」
と自分で分析しながら何度も挑戦していました。
　跳び箱の上に乗っかってしまったり、おしりが少し引っかかったり…。顔は陽に焼けて真っ赤になり、汗で服をびしょびしょにしながらも、同じスタートラインに戻り、右手をちょっと高く上げ、真剣な表情で何度も何度も跳んでいました。なんとひたむきなのでしょう。跳び箱に向かってひたすら走り続けるその姿に胸がいっぱいになりました。
　結局、この日は跳べなかったのですが、おかあさんは、
「つよし、がんばったね」
と、褒めてあげていました。つよしくんも満足そうでした。月曜日、またがんばろうね。

● 大きくなったら

4歳児 ✽ 9月7日

　チェリークラスで"大きくなったら"の話を聞きました。りょうせいくんのお家は両親ともに理容師さん。お兄ちゃんも散髪屋さんになるらしい。
「りょうせいくんは？」と聞くと、首をかしげ、ちょっと考えています。
「う〜ん。わからない」
　そこへももこちゃんが来ました。
「私、大きくなったらバイトする」
「え、バイト？　仕事する人にはなるの？」

「だから、バイトだって…」
「そうなんだ。はじめて聞いた」
　おとはちゃんは、「ピアノの先生」。
　たろうくんは、
「先生、マジレンジャーって知ってる？　それの黒になりたい。もうお願いはしたんだけどね」
と七夕のことを言ってるらしい。みなさんそれぞれです。

● 海外旅行ごっこ

　　　　　　　　　　　　　　　　　　　　　　５歳児　✿　９月８日

　マスカットクラスで、海外旅行ごっこが流行っています。
　飛行機に乗っていき、帰ってきた時、「ハロ〜」と言います。アメリカに行ってきたようです。もう一度、今度は「ニイハオ」。中国ね…。
　３度目。帰ってきたとき「アニハセヨ」と言ってました。韓国に行ってたのかな？　遊びも国際的になってきましたね（笑）。

● しりとり①

　　　　　　　　　　　　　　　　　　　　　　４歳児　✿　９月16日

「しりとり」
「りす。"す"のつくことば言って」
「すいか」
「かめ」
「か？」
「"か"じゃない"め"よ」
「め…めだか」
「からす」
「か？」

「"か" じゃないって "す" よ」
　しりとり、わかってるのかな…。

● キリンの絵本

　　　　　　　　　　　　　5歳児 ❀ 9月16日

　マスカットクラスにて『きりんのおるすばん』という絵本を読みました。キリンが座ってなんとも優しげで憂いのある写真… 表紙に惹き付けられてしまいました。
「キリンさんは淋しいのかな」
「眠いのかな。目が半分しかあいてないよ」
「いろんな風に見えるね」
　ページをめくり、文章は関係なく、キリンの様子やほかの動物たちのことを話しました。キリンが木の葉っぱを食べているところ、水を飲んでいるところ。
「ちょっとまねしてみようか…」
と言うと、二人の男の子がすぐに上手に真似をして見せてくれました。本当に

上手だね。
　母親と子どものキリンがたわむれているところ、友達同士のキリンがおすもうをとっているところも、二人ですぐに真似ていました。身体も心も柔軟な子ども達です。

● どう言ってあげたらいい？

5歳児　❋　9月17日

　今日からトンボが飛んでいます。もうすぐ運動会。年長児の子ども達は張り切っているようです。お昼をマスカットクラスで一緒に食べようと思い、行ってみると何人かまだ席に着かず、ブロックをしたり、テラスにいたり…。
「まだ座ってない人もいるね」
と言いながら足元のブロックを片付けていると、まなかちゃんが私のそばに来たので、
「まなかちゃんは、どう言ってあげたらいいと思う？」と聞いてみました。
　まなかちゃんはちょっとニコニコしながら少し間を開けて
「あのね、チュってして、大好きだよ、って言って、それから椅子に座ってネ、って言ってあげたらいいんじゃない」と言うのです。
「そうしてみるよ」と言って、
「せいやくん、大好きだからね。座ろうね。」
を連発（もちろん、心を込めて）。そしてしばらくするとみんな席に着きました。

　子ども達ってよく見てるな、それから人の気持ちもこんなに汲み取ることができるんだな、と改めて思いました。まったくどちらが保育者かわからないでしょう…？
　偉大なる子ども達なのです。

跳び箱への挑戦②

5歳児　❀　9月19日

　跳び箱の練習をみんな必死でしています。かのんちゃん、さとしくん、りょうたくん達がもう少しで跳べそうです。何度も跳んでいるうちに、かのんちゃんが跳べました。けいこ先生に褒められ、とても嬉しそう。そして見ていた私を見つけ、走ってきてくれます。
「みほこ先生、かのん跳べたよ！」
「よかったね」
　私は、飛びついてきたかのんちゃんを力いっぱい抱きしめました。とても嬉しそうな顔をして、また跳び箱の方へ走っていき、
「見ていてよ～、みほこせんせ～い、見てて～」と叫びます。
「見てるよ！」と手を振ると少し自信を持ったように走り、また跳び越すことができました。嬉しそうだったなあ…。
「すごい、すごい」と拍手をしてあげると今度は4段に挑戦していました。
　りょうたくんもこの日、3段が跳べるようになりました。りょうたくんは、お家でも練習していたらしいのです。本を積み重ねて布団を巻いて…　まさに家族ぐるみの取り組みです。りょうたくんよかったね。

お別れ？

5歳児　❀　9月19日

　運動会の練習の後、給食の用意をしながら子ども達と話しました。貝殻をたくさん集めていた、かつとくん。その貝殻は、「思い出」なんだそうです。
「運動会の？」と聞くと、
「かつとの思い出」と言っていました。
　終わりの言葉を言うまこちゃんに、
「今日、ちゃんと言えてたね」と話しかけ、運動会の日に、
「まこちゃんがその言葉を言うと涙が出るよ」と言うと、

「最後の曲もちょっと涙が出そうな曲ね」
と、まこちゃんは言う。そう思っているのですね…。

　そんな話をしていると、りょうたくんに、
「先生、僕たちとこれでお別れっていう時、先生、涙が出る？」
と言われ、急に今卒園してしまうような気がして胸が痛くなりました。今、あなた達を手放したくはないのです。秋と冬を一緒に過ごして、また春が来てからよね。もっともっと、いっぱい思い出つくろうよ。

● 遊びをせんとや…

1歳児　❋　9月19日

　1歳児クラスの、るいくん。タフロープのほんの切れ端を見つけたので、上からひらひらと落としてあげると、じっと見つめ、落ちたところを、大喜びで拾います。自分の手にくっつくのを見たり、手から離してみたり…。また落としてあげると、ひらひらするのを喜んで見、おおはしゃぎで拾います。
　一片のタフロープが、こんなにも子どもの心を捉えて離さないのはなぜだろう…。こんなにも楽しそうに無邪気に遊ぶ、るいくんを見て、遊びとは…について考えさせられました。
　遊びをせんとや生まれけむ…の世界です。

● ハイハイ

0歳児　❋　9月20日

　1歳1か月のまみちゃん。
　廊下でも、少し段差がある所でも、ハイハイで上手に進むのですが、20cmくらいの段差のところは、くるっと向きをかえ足からスルリと降り、登っては降りるのを繰り返します。何度も私と担任の保育者を見ながら…。
　事務所の応接セットのソファーにもよじ登ります。一人がけのソファーに座

りこっちを向いた瞬間は満面の笑みで、"どうだ〜！！"って感じです。そしてまたその繰り返し。足から降り、またくるりと回ってよじ登っては座る…。足と手と身のこなしの美しいこと。きれいだなぁ…と思いながらその繰り返される動作に感心してしまいます。

　廊下ではカタカタを押しながら歩き、途中で金魚槽に興味が移ります。
「アッ、アッ」と指差しをしながら金魚を追いかけます。テラスに行くと、アンパンマンの置物を見て、
「マンマンマン」と嬉しそうに言っていました。
　ハイハイをし、行ったり来たり、またどこまでも行こうとする、まみちゃんでした。

🌸 ごっこ遊び

5歳児　❋　9月28日

　マスカットクラスでのごっこ遊び。みんなのお家に招待され、ご馳走をたくさん出されました。

「お茶をお願いします」と言うと、
「ローズティーです」と言って出してくれました。へぇ、ローズティー…。
「じゃあ次は、ミントティーをお願いします」
「わかりました」
「魚にはレモンをかけてくださいね」
　それから、小さな布をくくってくれました。仲間の印だそうです。

　指でカエルをつくります。さえちゃんが私の手をとって、してくれました。「子どもの指だと早いんだけど…」と言われてしまいました。ほかのカエルやほかの生物も、いろいろにつくってくれました。

● しりとり②

4歳児 ✽ 9月28日

「しりとりしよーっ」
「しりとり」

「りす」
「すいか」
「かめ」
「めだか…」
　あ〜、今日はできたね。
「パがつくもの教えて」と言うので、
「パセリ、パラシュート、パンツ…」と言っていると、
「わかった、パンダ！」ですって。よく思いついたねぇ。

● 落とし穴

5歳児　❀　9月30日

　砂場で落とし穴作りが始まりました。穴を掘り新聞紙を広げて置き、四隅を砂でしっかりとめて、真ん中あたりは薄く砂をまいています。
「園長先生を落とそう！」
　せなくんが事務所に新聞紙を取りにいきます。穴を掘りながら、園長先生は最初にどう言うだろう…と話していると
「えっ、怒られる」
「怒らないと思うよ。なんて言うかな」
「うわっ！」
「もうっ！」
「いやね…！」
などいろいろ言いながら水を入れたり、葉っぱを入れたりして、完成しました。
　しおりちゃんが呼びに行くことに…。なかなか来ないので、みうちゃんも呼びにいきました。ずっと待っているうちに、落とし穴に落ちそうになる子がいたりして、
「あ〜、そんなに近づかないで〜」
「でも遅いね。"落とし穴つくったから来てね"って言ったんじゃないの？」
「そうかもね…」と言っていると、

「あ〜、来た！」
という大きな声。しおりちゃんが手をつないでいます。落とし穴に落ち、
「うわあ〜」とずっこける園長先生。みんなとても喜びました。
　つよしくんは声を出して笑い、りょうたくんは
「園長先生も子どもの頃、落とし穴つくった？」と聞き、
「つくったよ」と言う園長先生に
「じゃあ、一緒につくろう！」と誘っていました。
　子ども達も、園長先生も素敵だなって思いました。

　事務所に帰っていろいろ話してると、せなくんは、新聞紙をもらいにいったとき、
「落とし穴つくるから新聞紙ちょうだい」って言ったらしい…。そしてしおりちゃんは、
「落とし穴つくったから、ここから目をつむって歩いていって」と言ったらしい。もう、せなくんとしおりちゃんったら…。

栗のいが

5歳児　＊　9月30日

　栗のいがにさわったことありますか？　手でつまんで持とうとすると、イタタタ…と言ってしまうほど、栗のとげがつきささるような感じです。
　5歳児のクラスで栗を机の上に置こうとした瞬間。子ども達は両手のひらの上に乗せて持っているではありませんか。
「こうやって持てば痛くないよ〜」
「え〜、本当に痛くないの？」
「先生もしてみて」
「はい」
なんて言いながら、手から手に転がしてくれようとするので、
「あ、待って待って…」

と思わず手を引いてしまいそうだったのですが、手のひらに乗せてみると、本当に痛くないのです。不思議…。マスカットクラスの子ども達ってすごいな、と思いました。

　知らなかったな。とげとげを自分からつまむのではなく、手のひらでそっと受け止めると、痛くないんですね。

　子どもの皮膚のあんなにやわらかい手のひらに、栗のいがは優しく乗っかっているように見えました。

● クラスに広がる遊び

　　　　　　　　　　　　　　　　　　　　3歳児　❀　10月2日

　メロンクラスの子ども達が、自分たちで遊びを創りはじめています。
　テラスにおいてある木製の小さな椅子をみんなで集め、たくさん並べて大きなお家（お風呂、お部屋…）をつくっていました。囲んで遊ぶことが好きですよね。お家だけど、お風呂でもある。テレビゲーム、パソコンに見立てて遊び、マウスもブロックでつくってました。実に巧みにマウスを動かし、それか

ら椅子を裏返してパソコンを閉じていました。
　そのすぐそばで、
「お風呂に入ろう」
「もう寝よう」
という、いろいろな会話。10人くらいの子ども達がかかわっているけれど遊びは3つくらいに分かれてたなあ…。
　そしてその横で、男の子達が入れ替わり立ち替わり、戦いごっこをしていました。
　それぞれが自分達の遊びを楽しみながらも、近くで遊んでいる友達の遊びにも、いつでも入っていける柔軟さを、子ども達は持っています。3歳児が自分達で創りはじめた自由な遊び。つながらないように見えてつながっている、いろいろな遊びが、クラスに広がっていきました。

みんなで写して

5歳児　❀　10月3日

　運動会を終え、子ども達は達成感と自信を持ち、すごく成長したように思えます。

　園庭で遊んでいる様子を写真に撮っていると、5歳児の子ども達が集まってきて、
「みんなで写して」
と言い始めました。すぐに自分達で二列に並び、後ろの男の子たちは肩を組んでいました。

　育ってきていると感じる時って、こういう時かな。子ども達の力が、大人からではなく、自分達の中から自然に現れる時…　相手のことを思いやったり、物を大切にしたり、お話を聞くこと…など、いろんな力も同時に育ってきているように思います。

● 運動会の後

　　　　　　　　　　　　　3・4・5歳児　✽　10月4日

　園庭では運動会ごっこが繰り広げられています。どのクラスの表現・リズムの曲をかけても、みんな喜んで踊るのです。全部覚えているのでしょうね。すごいなあ。

　それにしても、3歳児 ─ メロンクラスの子ども達が、ものすごく変わってきました。子ども達が自分から遊びを広げていく…　主体的に遊ぶ…　ロープの遊具でものすごく楽しそうに遊ぶ…　フープを4つつないで汽車ごっこをする…　と、目を見張るような変貌ぶり。

　よしおくんも、うんていにぶら下がることができています。ロープ遊具のネットトンネルもできるようになりました。そんなことを担任と話していると、最近描く絵も違ってきたらしいのです。今までは、信号の絵をよく描いていたのですが、おじいちゃんおばあちゃんを描くそうです。

　（送り迎えはいつもおじいちゃん、おばあちゃんだものね。信号も、車に乗っているときよく見ているのでしょうね。）

ハイハイのゆくえ

0歳児 ✤ 10月14日

　ピーチクラスにて。ハイハイを、足の親指を使ってどんどん進む子もいれば、足首を上げた状態で、膝をついてハイハイする子も、座った状態のまま前に移動する子もいます。そして少しずつ、つかまり立ちもしようとしています。いろいろな進み方をする子がいることに気づかされるこのごろです。

　この子達が歩き始めるようになるまでの日々、どのように見守ったり、援助したりすればいいか、担当の保育者から相談を受けました。一人ひとりの発達に個性があると思うので、その子らしさを大切に受け止めながら、保育者もさりげなく援助し、足腰を少しずつ使って楽しめるような環境や遊びを心がけましょう…、ということを話し合いました。

　これからの毎日が楽しみです。

● 葉っぱ屋さん

　　　　　　　　　　　　　　　　　　　3歳児　❊　10月16日

　小さなお山のテーブルに6人の子ども達が座っています。もう満員です。
「葉っぱ屋さんです」とのこと。
「いくらですか？」
「売れません」
「え〜っ、売ってくれないの？　葉っぱ屋さんなのに」
「自動販売機になっていますから」
「へえ〜、自動販売機ね。はじめて聞いた（笑）」
　3歳児との会話です。

● 見て育つということ

　　　　　　　　　　　　　　　　　　　　　　　　10月16日

　あちこちで異年齢児の関わりが見られます。見て育つということは大切。
　ほかのクラスの活動が見えるということ。声や様子が聞こえること。感じられること。
　身体や心のどこかに残っていくのでしょうね。

● 砂場で

　　　　　　　　　　　　　　　　　　　2歳児　❊　10月16日

　バナナクラスの子どもたちが砂場で遊んでいます。
　けいすけくんは、小さなお山を大事そうに両手でとんとんと押さえていました。
「けいすけくん、お山つくったんだね」
「うん、そうだよ。かき氷の入ったお山！」
「かき氷のお山？　珍しいね…。かき氷、見せてくれる？」と言うと、けいすけくんは、その山をどんどんくずして、中からカップに入ったかき氷を

「はいどうぞ！」と見せてくれました。なんて夢があるんでしょう。山の中にかき氷が入っているなんて…ね。
　その隣でしゅうたくんは、テーブルにごちそうを並べ、大きな声で
「いただきます！」
と言っていました。砂場でつくったごちそうを、今にも本物を食べるように、嬉しそうに満面の笑みであいさつをする、しゅうたくんに、見とれてしまいました。

みんな隊長に

4歳児　❋　10月16日

　のぶおくんが泣いています。
「どうしたの？」と尋ねると、
「隊長になりたかった〜」と言って、わんわん泣きます。そこへ数人集まり、
「ぼくたちもなりたかった」とのこと。
「そうねえ。みんな隊長になりたいんだ」

「だって、じゅんくんが隊長ばっかりして、みんな家来だもん」
「家来…ね。じゃあ、順番に隊長してもいいかもね」
と言うと、じゃんけんで決めることに。ゆうくんが勝ち、負けたかいくんは走っていってまたしても悔し泣き。
「ゆうくん、次の隊長が泣いてちゃあだめだよ」
と言うと、ゆうくんは、じゅんくん、かいくんの所へ。
　しばらくして、どうなったか行ってみると、
「三人とも隊長になったんだよ〜」と教えてくれました。
「良いこと考えたね〜」
　しかし、また泣くのぶおくん。
「だって、狭いところを通るとき、じゅんくんが一番に行った〜」
「みんな通れたんだからいいんじゃないの〜？」
　友達と一緒にかかわって遊びながらも、誰が一番か、負けたくない…など、葛藤もあるのでしょうね。

●"恋"ぐらい好き

5歳児 ❋ 10月17日

　マスカットクラスで、数人が集まり手裏剣作りをしていました。かつとくんが、
「ゆかちゃん、かわいい声じゃなあ」と言ったのをきっかけに、"りょうたくんは、ゆかちゃんが好き"と言う話になり、
「りょうたくんは、ゆかちゃんが大好きなんよ」とみんなが言いました。
　たつみくんが言うには、"恋"ぐらい好きらしい。恋をするぐらい、か…私がクスクス笑ったので、みんなもちょっと笑っていました。
　そこへ、りょうたくんがグッドタイミングでやって来たので、
「りょうたくん、ゆかちゃんのこと好きなの？」と聞くと、
「ぜ〜んぜん」
とちょっと横を向いたので、またみんなで、ちょっと笑ってしまいました。
　好きかどうかすぐに聞きたがる悪いくせをどうにかしなければ…（笑）。

●病院ごっこ

5歳児 ❋ 10月20日

　病院ごっこに誘われました。患者の役で椅子に座ると、かつとくんは、紙にえんぴつを構え、
「どこが悪いですか？」を繰り返します。私は、目を押さえながら
「少し目が疲れています」と言うと、
「ああそうですか」と言ってカルテをすらすらと書き込んでいきます。まるでドイツ語のようでした。
「次は、どこが悪いですか？」
「肩もちょっと凝っているんですが…」
「そうですか」
「湿布か薬、お願いできますか？」
「うちの病院にはありません。どこが悪いかだけ言ってください」

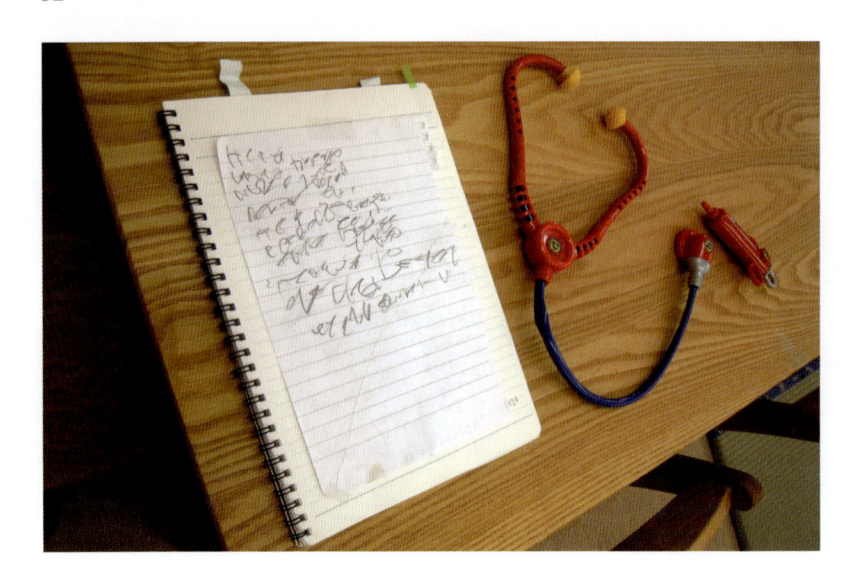

「う〜んと、かつとくんの目があんまりきれいなので、ずっときれいだといいなと思っています」
と言うと、いっそう瞳がきらきらしたかと思うと
「そういうのではありません。自分で肩とか目とかさわって確かめて、悪いところを言ってください」
と叱られてしまい、書き終えたカルテをもらって診察終了となりました。

🌸 落ち葉の贈り物

10月22日

　園庭の木々が色づいてきました。お散歩から帰って来たバナナクラスの子ども達が、手にいっぱいの落ち葉を持っていました。
「落ち葉の花束、ステキだね」と言うと嬉しそうでした。
　ストロベリークラスの子ども達は一枚の葉っぱを拾っては、用意してもらっている箱の中に入れたり、くるくる回したりして楽しそう。3歳のクラスは砂場のごちそうづくりに、4歳、5歳児達は、たくさん集めて葉っぱのおふろを

つくったり、シャワーにしたり、並べていろいろなものに見立てたり…。
　子どもたちを見ていると葉っぱが宝物に見えてきます。きっと神様と木々からの贈り物だと思う今日このごろなのです。

砂遊び

4歳児　❋　10月25日

　4歳児の砂遊び。今年の4月から保育園に来ている、あさひくんが、手の上にプリンを何度もつくろうとしていますが、うまくいかない様子。砂がさらさらすぎるので、くずれてしまうのです。
「こっちの砂でしてみよう…」
と別な場所の砂をカップに入れた後、「ぎゅって押えてみて」と言って、私の手の上にしてもらうと、上手にくずれずに出来たではありませんか。あさひくんはものすごく嬉しそうな顔をしていました。
　それから、何度も試していました。少し湿った砂を入れて、ぎゅっ、ぎゅっと押えて、何度もプリンをつくっていました。それから、ドーナツもつくり、

その上をプリンのカップでもう一度押えると少し小さいドーナツになることも発見していました。あさひくん、笑うとお母さんによく似てるね。

🌸 落ち葉を拾って

3歳児 ❋ 10月28日

　秋のある日、こうたくんが、弟のとうやくんのそばで遊んでいた時のこと。
「先生、葉っぱは遊ぶためのものでしょう」
と、落ち葉を拾ったこうたくんに尋ねられ
「う〜ん、そうだね…」とあやふやな返事をした後、
「これ、とうやくんにあげようか」と言うと、
「え？　持ったら食べるよ」
と言われてしまいました。さすがお兄ちゃん、よくわかるのね、と感心してしまいました。1歳過ぎのとうやくん、なんでも口に入れようとするものね。
　それから、いろいろな葉っぱを見つけていると、葉脈だけが残っている葉っぱを見つけ、
「あ、骨だ！」と叫んでいました。ほんと、魚の骨みたいだね…。3歳児のこうちゃん、元気いっぱいです。

🌸 どろだんご

10月30日

　お昼からの時間、マスカットクラスの子ども達が、砂場付近で遊んでいます。私も行ってみました。"どろだんご"をつくっていました。もう何個もつくっている子、砂を集めている子、水をくんで来ている子、団子の上から白粉をかけている子、と活動だけ見てもさまざまです。つくっている場所もさまざま ─ 砂場のすぐ横、築山の下、マスカットクラスの前… ─ 園庭の砂をサーッとはらって、地面に近いきめの細かい砂を集めて、お水を適量入れ、ぎゅっぎゅっと丸めます。"かたくな〜れ"と思いながら丸めること…。そし

て上から白粉をかけては落とし…を繰り返します。ぎゅっといっそうしまった感じ。

　どろだんご1つつくるにも、どこの砂がいいか、水加減はどうか、仕上げはどうするか…　子ども達はよく考え、よく見ています。

「ここの砂がいい」
「あ〜お水入れすぎ、どろどろだんごになって、手にくっつくよ」
「お水はそのくらいでいいと思うよ」
と、えいとくんに言われ、こねてみると、本当にちょうど良いかたさになるではありませんか…。子どもってすごいですね。でもおだんごつくりができない

子もいて、
「先生つくって」
「どうやってつくるん」
という子ども達に、どのように援助すればいいか考えさせられました。

❋ 先生自身がつくってみる。
❋「先生がつくるから一緒にしよう」と言う。
❋ つくれる子どもに一緒につくってあげるよう促す。
❋ つくり方を言う。

どれも必要かな…。

● 風邪引いた？

5歳児 ❋ 10月30日

　風邪を引き、ついに声が出なくなってしまいました。保育士になってはじめての出来事です。先生方とは筆談にしなければ思いが伝わらず、ずいぶんと迷惑をかけてしまいました。
　マスカットクラスの子ども達は、
「あれ？　どうして声が違うの？」
「風邪引いた？」
「ご飯食べた後、エヘンって言ってみたら～」
「気にしなくていいよ」など、いろいろに心配してくれてました。
　それにしても何か伝えたい時すぐに言葉にして言えないもどかしさを、今日一日でものすごく痛感してしまいました。子ども達はどう思っていたのでしょう…。
　元気で子ども達に接することができる日を、感謝しなければ…。健康でいられることの有り難さを痛感した一週間です。それから、早く風邪を治さなければ…と本当に思いました。

サッカーチーム

　　　　　　　　　　　　　　　　　5歳児　❋　11月1日

「築山チーム対総合遊具チーム」と応援している子が言っていたので
「変わった名前だね、どうやって命名したの？」と聞いてしまいました。
「命名って何？」
「あの…、名前を付けること…」
「あ、ヤギってこと？　メェメェ？」
「違うよ」
「あ〜はっは！」
とみんなでまた大笑い。

運動能力測定・秋

　　　　　　　　　　　　　　　　3・4・5歳児　❋　11月1日〜

　25メートル走、立ち幅跳び、前屈、ボール投げ、片足立ち、の5項目を、春と秋の2度測定しています。測定という言葉はあまり好きではないのですが、やってみていつも思うことは、改めて子ども一人ひとりをよく見た…ということです。

　3歳児、4歳児、5歳児と年齢によってもずいぶん違うこと。持っている力を、自分から出せる人、出そうとがんばる人、楽しんでいる人、とさまざまです。

　日々の保育でもそうですが、それぞれに働きかけることが大切ですよね。子どもが心を動かして何かを出すようにすること。精神的なこと、動きやタイミングを体得することも、大切だなあ。それにしても、3歳児の立ち幅跳びは個性爆発で楽しかったです。

● 測定　25ｍ走

3・4・5歳児　✽　11月1日

　3歳児も走るのが早くなってきました。4歳、5歳の子ども達が部屋から出てくると、園庭全体の雰囲気が変わります。何かの大会みたい…。5歳児、存在感ありますね。こんなに成長したんですね。そして一生懸命…。立ち幅跳びも…　3クラスがそれぞれに測定したのでスムーズに、早く終わりました。

　測定を始めて6年目にして、そのコツというものが、この保育園にも根付いた感じがします。

● 測定　ボール投げ

3・4・5歳児　✽　11月2日

　今日はボール投げの測定でした。運動能力測定では、年齢による違いはもちろんですが、一人ひとりの個性の違いが目に見えて表れるように思います。

3歳児…ひじが伸びたまま、手を振り回して投げる子。上体を真後ろにそらした反動で投げる子。右足に体重をかけて、右手で投げる子… さまざまです。

4歳児…上手に投げられる子が増えています。がんばろうと思って力んでしまうので、「手を伸ばしてポーンって投げてごらん」というひろき先生の言葉がけは、とても良かったと思います。身体をひねりまくって投げる子も…

5歳児…4歳児の子に「そうじゃなあ、こうして投げたらいいよ」と、コーチのように横にたたずむ子も。さすがに、ピッチャーのようにしてうまく投げる子がたくさんいます。

「りりこちゃん、それーっと言うと地面にたたきつけちゃうから、もう少しふわっと、こんな感じにしてみて」
と先生が言うと、りりこちゃんは本当に上を向いてふわっと投げ、ボールが少し遠くまで飛びました。その表情といい、投げる姿勢といい、これ以上ないくらいふんわりしていたので、おかしいやら、かわいいやらで、みんな楽しくなりました。

> コラム

子どもの運動能力について考える —— 中山保育園の子ども達と出会って

宗髙　弘子

　体育学を研究してきた私は、園長先生から「子ども達がしなやかに運動遊びを楽しむには、どのようなことを大切にすればいいでしょうか…。」との問いかけを受けたことをきっかけに、子どもの運動能力について一緒に考えさせていただくことになりました。本書にも描かれている運動能力測定は、その一環としておこなわれたものです。

　中山保育園は、自然も豊かに残る住宅地にあり、静かで広い園庭には、四季折々の花や樹木が植えられています。子どもを大切に見守る、豊かな環境の中にある保育園です。子ども達もとても素直で、友達と遊びを十分に楽しむことができています。

　私は毎月保育園を訪れ、午前中は子ども達と一緒に遊び、午後は先生方と話し合う時間ももつことができました。話し合いの中で、まずは一人ひとりの子ども達をよく知ることが必要だと考え、運動能力測定をおこなうことを提案しました。「何かができる、できないという結果よりも、挑戦する気持ちやそのプロセスを大事にしたい」との意見から、子ども達の気持ちを活かすことのできる運動能力測定のあり方が話し合われました。

　春と秋の年2回、3・4・5歳児の子ども達を対象に、走る、跳ぶ、投げる運動や、関節は柔軟に動くか、腕で体重を支えることができるか、片足立ちでどれくらい立っていられるかなどの種目で、測定を実施しました。土踏まずの様子も調べました。

　測定を終えた後、先生方からは「一人の子どもでも、運動の種目によって差があることが見えてきました」「個人差がこんなに大きいことに驚かされました」「一人ひとりをよく見ることが、運動面でも大事なんだと改めて気づかさ

れました」との声が寄せられ、子どもの運動という世界の広がりと深さに、ともに目を開かれる体験をすることができました。

　ある時、園長先生に「土踏まずが十分できていないので、園庭に築山がほしいですね。築山では裸足で遊べるといいですね」と、園庭の理想像を思い描いて伝えました。すると次の年、園長先生は、ヒューム管、石の付いた壁面、中に入って遊べるログハウスの備わった立派な築山を造られました。築山が完成したとき、子ども達は夢中で駆け上ったり、駆け降りたり、上から下へごろごろ転がったり、ありとあらゆる遊び方で、いつまでも飽きることがない様子でした。
　運動会では、年長児の障害物競走に築山をよじ登る内容が子どものアイデアで付け加えられました。どの子も全神経を集中して壁のぼりに挑み、必死で上まで這い上がり、素早く斜面を駆け降りてきます。次の障害物の平均台では、足の指が平均台を掴んでいるかのようなバランスの良さで、駆け抜けていく子どももいました。しなやかな身のこなし、手足の先まで自分の身体をコントロールできている子どもの姿を思う存分見ることができました。
　その後も園庭には、揺れる縄梯子などの付いた大型のロープ遊具も増設されました。子ども達は腕の力で体重を引き上げ、不安定な状態でバランスを取るなど、腕を使ったさまざまな能力が培われてきたように思われます。

　子ども達がもっともっと運動遊びに興味を持ち、ボールや鉄棒、縄跳びや一輪車など、さまざまな運動体験を充分に経験してほしいという、園長先生をはじめとする先生方の願いが、実を結びつつあること、そして、子どもの潜在能力の素晴らしさと一人ひとりの持ち味を引き出した保育者の存在の大きさに、感動させられました。
　何より、「今、子ども達に必要なことは何か」を常に問い続ける、園長先生の信念と実行力が、このような子ども達の成長を可能にしたのだと思います。

　子ども達は、無限の可能性を持っています。からだもこころも豊かに育ち、未来に大きく羽ばたいて欲しいものです。

🌸 しゃぼん玉

1歳児 ✻ 11月3日

「先生、"やねまでとんだ"…して」
と言うこうすけくん。しゃぼん玉のことを言っているらしいのです。

　じゅんこ先生が、テラスでいっぱいしゃぼん玉をしてくれました。子ども達は、飛び上がってはパチンとたたいたり、どこかにあたって消えるしゃぼん玉をとても喜んで見ていました。

　しゃぼん玉って誰が考えたのでしょうね。きれいだね、それからはかないね…。

　　　しゃぼん玉　とんだ〜
　　　やねまで　とんだ〜♪

　子ども達の、語尾を強調した歌い方に魅かれながら、その光景を見てしまいました。

🌸 色づく園庭

11月5日

　急に朝冷え込み、園庭の葉がパッと色づいたようです。ケヤキの黄色はなんとも言えず美しいです。桜も紅葉すると同時に落ち葉になっているようでした。
　園庭管理のすなみさんがお休みで、昨日からの落ち葉がたくさん落ちていたので、そのまま集めてしまわずに、子ども達がどのように遊ぶか見ていようと思いました。
　きれいな落ち葉を数枚拾って事務所の備前焼の器に盛ってみました。どんぐりや松ぼっくりと一緒に…。なんだかおいしそうで、食べたくなるような感じです。

🌸 メロンクラスで給食を

3歳児　❀　11月5日

「給食、ずっとメロンクラスで食べて…」
「でもほかのクラスも来てって言ったら？」
「みんなとお友達になったらいいんじゃないの？」
「そうだね。事務所の仕事はどうしよう。園長先生がメロンに来られて、みほこ先生帰ってきてって言うよ」
「じゃあ順番にしたら？　事務所へ行って、メロンに来て、事務所へ行ったらメロンに来て…」
「そうだね。でも、ピーチクラスやストロベリークラスにもいかないとね」
　いずみちゃんは目をキラキラ輝かせ、
「それじゃあ、事務所とメロンにいて、ほかのクラスにも行って一言ずつ話したらいいんじゃない？　マスカットに行って、一言話をして、チェリーに…」

　それにしても、"ひとこと"ってどこで覚えたのでしょう…。まさに、主任保育士の仕事はこうあるべきって言ってもらっているような気がしました。

ある日の遊び

3歳児 ❉ 11月5日

　うんていやロープ遊具のところにしばらくいると、わたるくんが来て
「先生、昨日かなこちゃんと公園で会ったよ」と教えてくれます。次々に、うんていができるようになったのを見せてくれました。
　みんなすごいね。たいちくんはロープに登れることを何度も言って、見せてくれます。
　うんていをしているしんごくんに
「しんちゃんもロープ登れる？」と聞くと、
「もちろん、登れるよ！」と言って、ロープを持たなくても登れるところも見せてくれました。
"もちろん"かぁ…。この後すみれちゃんが
「結局そういうこと？」
と"結局"という言葉を使っていて、0歳児クラスの、みな先生と驚いていたのですが…（3歳児ですよ、彼らは）。

　やすこちゃんは走って来て、
「先生、雨がぽちょって降った〜！！」
と、久しぶりの雨の降り始めを、ものすごい驚きで表現してくれました。

　ころんで膝が痛いと、のどかちゃんが言います。なかなか泣きやまないので、
「のどかちゃんの足が痛くなくなるまで、ずーっと抱っこしててあげるよ」
そう言って左手で抱き、うんていをして見せてくれる子を見ていると、今度は、なぎさちゃんが泣いています。かえでちゃんとトラブルがあったようです。
「なぎさちゃんおいで」と右手で抱き寄せると、涙をためた目でじっと見ています。
「どうしたのかな…？」と言っていると、かえでちゃんが
「なぎさちゃんが、かえでを放っておいた!!」と自ら告発。あ〜、かえでちゃ

んと何かあったのね…。
　かえでちゃんはどんどんしゃべっているので、
「かえでちゃん、なぎさちゃんに先に行かれて淋しかったんだね…」と言うと、
「うん、だからパンチした」
「パンチ〜？？　なぎさちゃんも痛かったと思うよ」

　2人のそばで、一緒に行きたかったこと、置いて行かれて淋しかったこと、パンチされて痛かったこと、など話していると、さっきまで泣いていたのどかちゃんが私を離れて遊び始めました。そして、なぎさちゃん、かえでちゃんもうんていの方に行き、両側からぶら下がって、目と目が合うと笑っていました。
　2人とも仲良しらしい。でも仲がいいからケンカもするよね。ぐじゃっとなった時に、どうしようもない自分の気持ちを誰かが支えてくれたり、もう少し大きくなるとお友達にも見守られ、自分でもその気持ちに少しずつ我慢しながら乗り越えたり、ふっ切れたりしながら、また仲良くなったりするのでしょうね。
　そして、そんな子ども達を傍らで見守る保育者も必要だと思います。

　それにしても、30分くらいの間にこのくらいいろいろなことが起こるわけです。
　20人の3歳児一人ひとりをよく見たり、受け止めたりすることは、とてもエネルギーがいるし、こちらの感覚を研ぎ澄ましていないと、いろいろなことが見えてきませんよね。でも、一つずつの出来事にかかわる中で、その子の心がどこかしらおさまっていく時、私達保育者も、何だかとても嬉しい気持ちがします。
　どこかにわだかまりがある子なら、そのことは伝わってくる。もちろん、どんな子も、一人ひとりが自分自身の大切な思いを抱え、表現している。
　保育者はそこを見逃さないように、アンテナを張っていたいと思うのです。

　そして、子ども達の遊びを見守るだけでなく、かかわって一緒に遊ぶことが

大事だと思います。そうすることで、全体を把握しながら、子ども達の今の思いを感じることができる。ともに遊んだ時間は心に残るもの。後で振り返り、あの時どうだったか、考えを深めていくことができる。

　一人ひとりにふさわしい対応をすること。子ども達にかかわった体験を振り返り、省察すること。
　それが保育の専門性だと、私には思えます。

苦手な食べ物

5歳児　※　11月5日

「給食、一緒に食べようか」
「今日も玉ねぎが入ってるかもよ」
　あ〜、神様、どうか玉ねぎが入っていませんように（私は玉ねぎが苦手なのです）。給食の時間になり、スープの中にはたくさんの玉ねぎが…。
「先生、やっぱり玉ねぎ入ってたね」

「そう、全部食べられるかな〜」
「絶対食べないとだめ〜」
　マスカットクラスの子ども達の、なかなかに厳しい励ましのもと、なんとか完食しました。
「ごちそうさまでした」の声を聞いて、つよしくんがそばに来て
「全部食べた？」と食器を覗き込み、
「食べたよ」と言うと、私の左肩をポンとたたき、
「やったね」と言ってくれます。
「全部食べたからね〜」とみんなに見せると、まいこちゃん、あきなちゃん達が拍手してくれました。そして、くみちゃんには、
「よかったなあ。いつも残してばかりだもんね」
と、ぐさっとくるようなことを言われてしまいました（笑）。"苦手なものは、そんなにがんばって食べなくていいよ"って言ってるのに、どうしたのでしょうね…。

いたずらかな？

　　　　　　　　　　　　　　　　　　　　　　０歳児　❀　11月5日
　０歳児クラスの連絡簿を見ていると、ほとんどの家庭で、11か月ごろからいたずらが激しくなってきたと書かれています。このように。

　　❀ いつの間にか、化粧品がごみ箱の中に…
　　❀ 下駄箱から靴をどんどん出します。
　　❀ ティッシュをいっぱい引っ張り出してしまいます。何回も同じことを繰
　　　 り返して、いったい何が楽しいのやら…（笑）

　人間って同じことを繰り返すものですよね。そうやって自分のものにし、納得し、成長していくのです…。
　興味もどんどん変わります。子どもは、興味があるものにさわり、いろいろ

と試しているんですよね。
　いたずらではなく、夢中で遊んでいるのでしょう。

🌸 嬉しいことがあると

11月6日

　まなかちゃんが、
「先生の風邪、少し治ったみたいね」と言うので、
「まなかちゃんが、声が出なくても気にしなくていいからねって言ってくれて嬉しかったよ」と答えると、
「だから風邪が治ったんじゃない？」とにっこり笑うまなかちゃん…。
　嬉しいことがあると疲れもどこかに…ってことまでもわかってたのね…。

🌸 鉄板焼き

3歳児　✿　11月8日

　メロンクラスの、のどかちゃんとゆりちゃんが、赤い屋根のおうちの前で椅子の上にカップから砂をザラザラ出して薄く敷き、
「ここは鉄板焼きをしています…」と言いながら遊んでいました。
「へえ、鉄板焼き？　先生も好きなもの持ってくるから、焼いてくれる？」
と言って、バケツを持ち、きれいな葉っぱをたくさん集めて持っていくと、
「はい、わかりました」と言って、砂の上に並べてくれました。ゆりちゃんは
「私も葉っぱ集める…」と駆けていきます。
　この遊びのことをえいこ先生に言うと、
「昨日芋掘りの時、ホットプレートでスライスしたサツマイモを焼いてもらって、少し塩を振ってもらって食べたことが嬉しかったんでしょうね。それで、鉄板焼きをしたんだと思います」
とのこと。あ、なるほど！　すごいね。楽しい経験は子どもの中に残って、すぐに遊びに取り入れられるのですね。

ねえ、知ってる？

4歳児 ❁ 11月13日

　チェリークラスで給食を食べると、みんなが言っていました。
「いつきちゃんはね、ともかちゃんと結婚するんだよ。だっておまつりごっこで買った指輪、もう渡したんよー」
と教えてくれました。
　そうなんだ…。4歳児の子ども達、すごいでしょ。

なんで？

2歳児 ❁ 11月18日

　ランチルームで、バナナクラスの子ども達は本当に楽しそう。給食が揃うまで、いろいろな会話を楽しんでいます。私がカギを持って出ようとすると、
「みほこ先生どこ行くの？」
「ログハウス」
「なんで？」
「掃除するの」
「なんで？」
「ログハウスもときどききれいにしてあげないとね」
「なんで？」
　そこに園長先生も出かける準備をし、入って来られました。
「園長先生は？」
「出張、お出かけよ」
「なんで？」
「保育園とは違うところでご用があるの」
「みほこ先生が運転するん？」
　ログハウスのカギを持っていたからでしょう…。よく見てるなあ…。
　"なんで？""どうして？"を質問し、世界や認識を広げているのですよね。

この"なんで"攻撃にどう答えるか、ですね。

● 子どもの想い

0歳児 ❁ 11月20日

　ピーチクラスでのこと。かずきくんを抱いていると、たくやくんがおしゃぶりを黙って持って来てくれます。私に渡してくれるのです。
「たくやくん、これかずきくんの？」
　ほかの先生達が、
「あ、それかずきくんのです…」と教えてくれました。
　大人しく、いつもは自分の好きな絵本や積木などを部屋の隅の方でしているたくやくん。さりげないそんな行動に、1歳数か月のたくやくんの、かずきくんに対する優しさを見、子どもって本当に…と驚かされます。
　自分よりも小さい子ということがわかっているんだなあ。同じ部屋で同じ時を過ごすこと、生活をよく見ていること、感じていることで、1歳の子どもがこんなにも相手のことを思いやっているのだと思うと、胸が熱くなる思いがしました。

● メ？　目？

0歳児 ❁ 11月21日

　ゆうくんとかなとくんが、キューピーを持って来ました。滑り台を滑る時、前にいた、ゆきのちゃんを押そうとするので
「優しくよ」と言うのですが、またするので、キューピーで
「メッ！」
と差し出すと、目のところを指さしていました。め…　目よね、ここが。
「鼻は？」
と言うと、鼻を指します。わかっているのね。
「じゃあ、口は？」

と言うと、髪の毛を指さした、かなとくん。それを見たゆうくんは
「ア、ハハ〜」
と、嬉しそうに笑い、かなとくんも顔を見合わせて笑うではありませんか。あなたたち、わかっていてわざとそんなふう？　1歳5か月にして…なんとまあって感じでした。

擬音語の絵本の楽しさ

　　　　　　　　　　　　　　　　　　4・5歳児　❋　11月27日

『もけらもけら』を4歳児クラスで読んでもらいました。
　もけらもけら、もけらもけら。
　アクセントを変えて保育士と子どもが言っています。ひろき先生はわりとゆっくりめに読んでいます。みきおくんが思いのほか喜び、一言ずつに反応し、声を出して笑っていました。"ピタゴラ"のところは全員反応。"ピタゴラキャッチ？"テレビでやっているらしい。
　保育者の後について言う子、声を出して笑う子…。

「最後の"すでだば？"は"おしまい"ってことじゃないの？」
と、子ども達は言っていました。子どもって本当に心や頭がやわらかい。本当に心に受ける感じそのままを表現しています。
　5歳児のれいじくんは、絵本を読むのが上手でしたよ。しゃばたしゃばた…スラスラ読んでいました。

ごっこ遊び

5歳児　＊　11月28日

「お父さんは、病気で死んだことにしよう」
「え？　そうなの」
　食べ物が宅配便で届きました。
「どれにしますか？」
「シュークリームとコーヒーお願いします」
　小さい積木をジュースの素に見立て、
「4個入れるとおいしいですよ」と勧められます。

「赤い色だからいちごジュースです」
　続いて炭を勧められました。
「体にいいですよ。必ず飲んでくださいね」
「はい、そうします」
　今度は男の子が新聞紙と廃材でつくったものを持って来て、
「爆弾を持ってきました。この家は吹き飛びます」
「え〜！　それは大変」
「お父さん、じゃなかった、お兄さん、どうにかしてよ…」
と言ってもタバコを吸う真似をしたりするんですけど。
　これが、ごく最近のごっこ遊びの実態なのです…。

● 石だんご

11月29日

　どろだんご作り。
「石だんごだよ。築山の上から転がしてみるよ」
　ころころころ…　パリッ！！
「割れた〜」
「いいよ、割ろうと思ったから」
　ひびきくんも一つ頑丈そうなものをつくり、築山の斜面を転がしてくれました。私も上から一緒に見ています。ころころ加速して、下の方で粉々に砕けてしまいました。
「ひびきくん、壊れちゃったね。せっかく固くしたのに…」
「いいよ、またつくろうと思えばつくれるから」
　あ、そうね。でもあれだけ一生懸命つくったのに、壊れてもまた次があるさ、なんて強さがいいですね。私も見習わなければ…。

● 紅葉の種

11月29日

　紅葉の種を拾いました。ひらひらとても美しく舞いながら落ちて来ます。みんな拾って集め、築山からばらまくことに喜びを感じているようです。いろんな遊びを考えるよね…。

解題 ── 秋

　保育園では、一人ひとり、さまざまな気持ちを抱えた子どもたちが、出会い、かかわりながら、遊んでいます。

「先に行かれて淋しかった…」　好きだからこそ、衝突も起こります。
　そんな気持ちのぶつかり合いは、避けるべくもないし、止めようもない。ごまかしたり、無難にこなそうとしてみても、どうにもならない。
　その心を抱えながら、ともにかかわり、見守っていくとき、ふとした偶然から、心が通じ合っていくものだと思います。だって、好きなんだから…

　仲裁したり、説得したり、その場限りのことではなくて、揺れる気持ちを抱えながら、ともに生きている。昨日も、今日も、明日も、卒園してからも心の中で、かかわり続けている。
　"保育の専門性"の根本は、保育者の、人と人としての生きたかかわりの中にこそ、あるのではないでしょうか。

　めまぐるしい一日の展開の中、あちらこちらでそんな出会いが生まれる、それが保育の日常というものなのだと思います。

（西）

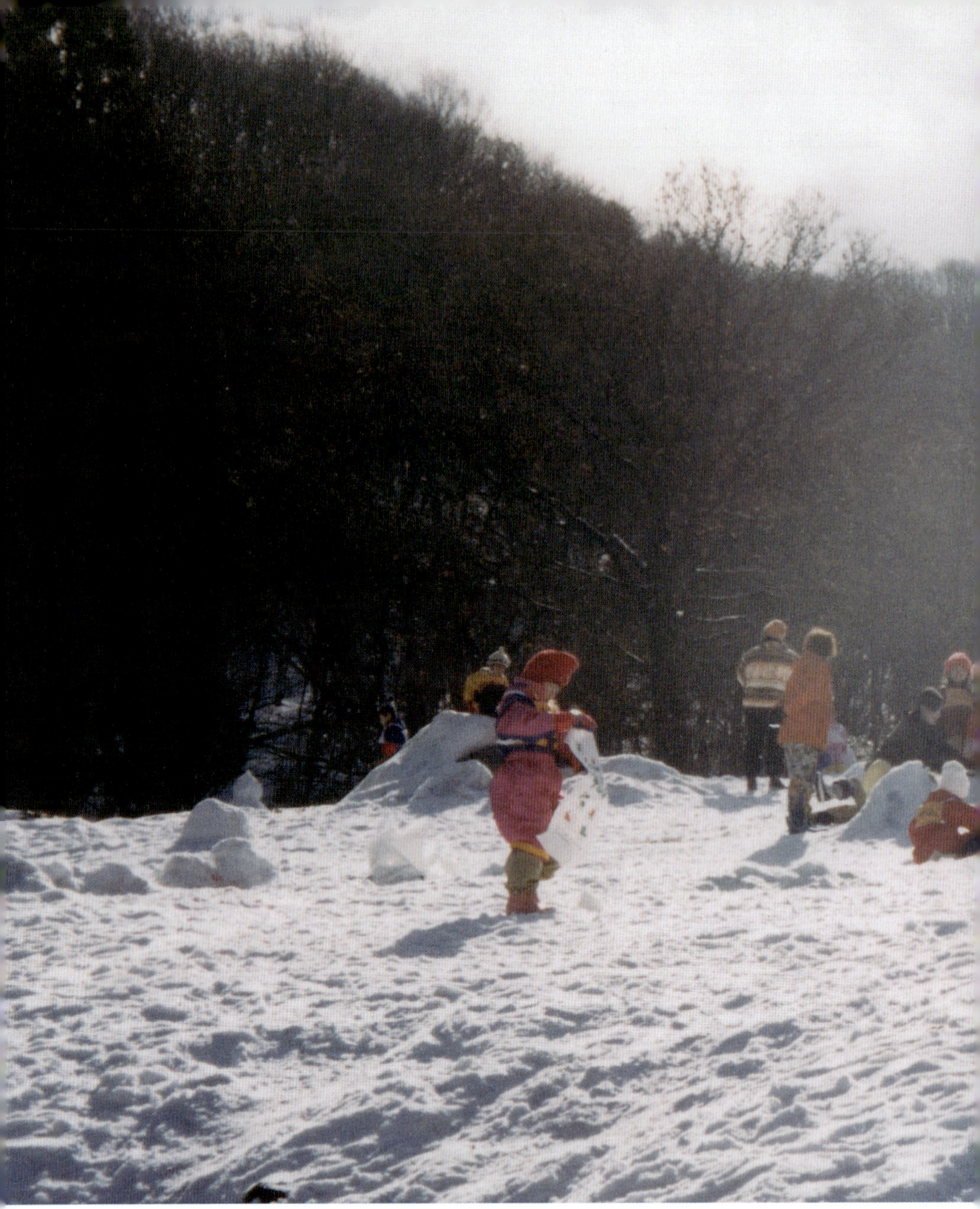

冬　たくさんの思い出を胸に、新しい年が始まる。

── 冬 ──

🌸 絵本、大好き

　　　　　　　　　　　　　　　　　　0歳児 ✿ 12月13日

　ピーチクラスへ行ってみました。1歳6か月のつよしくんが私を見つけると、最近必ず絵本を持って来てくれます。"ぼくはね、今この絵本に興味があるんだよ"ということを知らせてくれているのでしょうか。それとも私が一緒に見ることで、いろいろな言葉をつよしくんに話し、一緒に絵を指差して
「バナナだね～」
「おいしそうだね～」
と言いながら食べるまねをするのを楽しんでいるのでしょうか。食べ物、動物の絵本は大好きなのです。

🌸 赤ちゃんの笑顔

　　　　　　　　　　　　　　　　　　0歳児 ✿ 12月14日

　9か月のさくらちゃん。担当の保育士はもちろんのこと、
「さくらちゃん」
と呼ぶとに～っとします。もうすぐ1歳のゆうごくんなどは、私、あやこ先生、みな先生を順番に見ながら、目が合うとものすごい笑顔で見てくれます。思わず私達も笑顔になります。
　どうしてそんなに満面の笑み？　というくらい、良い顔なのです。
　この頃の笑顔は特別のような気がするなぁ…。
　赤ちゃんの笑顔は周りの人を幸せな気持ちにしてくれますね。

ハイハイで滑り台を登り、手と足の力を抜いて腹ばいになると服が滑ることを知り、繰り返しています。
　すごいなあ。いつ覚えたの？　そんなこと。ほかの子どもがするのを見ていたのかなぁ。
　さくらちゃん、9か月で早くも携帯電話をかけるまねをするからねえ…。

● 野に咲く花のように

5歳児 ❋ 12月16日

　マスカットクラス（5歳児）が発表会で歌った、「野に咲く花のように」。しみじみと心情が伝わるような歌い方です。ことみちゃんは歌いながら涙が出そうになったそうです。
　そんな想いで歌ったのですから、聴く人の心も打ちますね…。

● あけましておめでとうございます

5歳児 ❋ 1月5日

「6年間お世話になりました」
と言う、かつとくん。あと3か月しかないね。
　郵便ごっこをし、いろいろなはがきをもらいます。
"今年もお別れですね"
　そう書かれると淋しいんだけど…。"今年も遊んでください"に変えてくれました。
　かつとくんは、"結婚してくらさい"と、はがきいっぱいに書いてくれたのですが、
「もう一人の僕がいたらね」
ということらしい。彼は、りえ先生とあやこ先生にもそう言っているらしいのです。かつとくんって、これだけみんなに告白出来るってすごいことかも…と思ってしまいました。

🌸 プレゼントあげる

　　　　　　　　　　　　　　　　　　　２歳児　❋　１月６日

　バナナクラスへ行くと、やすこちゃんが布の袋を２つ持ってきてくれ、
「みほこ先生、プレゼントあげる」と言ってくれました。
「あら嬉しい。何が入ってるか開けてみよう…」と言っていると、みんなが集まってきます。
「あ、ジュースだ。いちごジュースだね。おいしそう」と言って机の上に置き、もう一本、
「レモンジュースかな？」と取り出してみると、コップが１つ入っていました。
「みんなで飲みたいなあ…」と言うと、
「わかった…」と言って、もう一本ペットボトルを持ってきてくれました。
「あの…コップで乾杯したいんだけど…」
　たくみくんが、３つコップを持ってきてくれました。
「みんなで飲もう。かんぱーい」
「先生、お皿も持って来ようか」と言って、たくさん持ってきてくれ、パーティになりそうな予感。ふくろにイチゴジュースを入れ、やすこちゃんに、
「今度はやすこちゃんにプレゼントよ」と言って渡すと、
「ありがとう、みほこ先生バイバーイ」と言ってくれました。少し遊ぶと私が事務所に帰るって、わかっているらしい。
　プレゼントは嬉しかったなあ。

🌸 はじめて出会う日

　　　　　　　　　　　　　　　　　　　３歳児　❋　１月９日

　ゆめちゃんが、はじめて保育園に来た日。メロンクラスの前で、出会いました。
　今日はお昼でお迎えらしい。しっかりとした表情で私を見ていました。
「ゆめちゃん、今日楽しかった？　みほこ先生っていうのよ、よろしくね」
と言って、握手をしました。泣いてはいませんでした。

「顔写真を撮ろうか…」
と言って、後ろの壁が白い所に立ってもらうと、ニカッと少しひきつったような笑顔をしてくれました。そう、そんなにすぐに新しい環境に慣れるわけではないのです。

　そうしていると、お母さんが迎えに来てくれました。ゆめちゃん、嬉しそう…。
「今日、こんなことをしたんですよ…」
と、お母さんにお話して、
「しっかりしていますね」と言うと、
「今日はがんばる！　と心に決心してきたんですよ」と教えてくれました。そうか、心に誓ってきたのか…。はりつめているんだろうな。
　ゆめちゃん、明日からもよろしくね。気合いを入れても、泣いてきてもいいよ…。

　２、３日後の朝は、ワーワー泣いたそうです。
　ときどき園庭で会うと、
「先生」と言ってきてくれます。

「ゆめちゃん、先生の名前覚えてる？」と言うと、
「う〜ん、みほこ先生」
　覚えてくれている…と、ひそかに喜ぶ私。

　その２週間ほど後のこと。
「みほこ先生〜」
　園庭にいる私をパッと見つけて、笑顔で手を振ってくれました。

考える５歳児

５歳児　❀　１月11日

　マスカットでお昼を食べました。こうたくんが、
「うめぼしはどうやってつくるん？」
「梅からつくるよ」
「梅はどうやってつくったん？」
「それは神様がつくられたのかなぁ…」
「種からつくったん？」
あきとくんが
「トトロの中のようにパッと芽が出て、ぐんぐん大きくなったんじゃろう…」
と言います。う〜ん、そうだね。
はるちゃんが、
「ジャックと豆の木みたいに？」
　みんな自分が知っていることをよく思い出して話題をつないで話せるね。

　　　昔、神様が人をつくったんよ。
　　　そしていっぱい人間ができた。
　　　海にも、魚　泳げ　と言った。
　　　色をつけた…

「へぇ〜」
「"せいめいのれきし"っていう絵本があるから、後で持ってきてあげるよ」
と話してくれました。
「日本は戦争に負けたんよ…」
　よく知ってるねぇ…。

● どの話？
　　　　　　　　　　　　　　　　　　　　　　　　　1月13日
　チェリークラスで食事。りょうたくんは野菜を先に食べ、カレーうどんにはなかなか手をつけません。
「必要でないものから先に食べて、あとから必要なものを食べる」
「う〜ん、そう！」
「でも、今日食べている途中に、おばあちゃんがお迎えに来たら、うどんは食べられなくなるよ…」と言うと、急に、
「この前魚釣りに行ってね…」という話をし始めました。近くで聞いていたじゅんくんが、
「え、いまその話じゃないよ。話が違うよ…」
と言いました。そんなことがわかるんですね。

● お皿はきれいに…
　　　　　　　　　　　　　　　　　　　　4歳児 ✤ 1月14日
　4歳児クラスのこゆきちゃんは、ままごとセットの食器を洗い物場の横に置き、スポンジできれいに洗っていました。それが、まことに上手なのです。大人がするような手つきで、きれーいに、コップはコップの洗い方、お皿はお皿の洗い方。上手だなあ…と見とれてしまいました。
　ほかのクラスを見てまた帰ってくると、まだ食器洗いは続いていました。隣で、ななかちゃんは赤ちゃんをおんぶしていましたが、それは別の遊びだった

ようです。お父さん役のあきらくんは、
「会社に行ってきます」と言って、その後どうなったのかわかりません。でも、こゆきちゃんは黙々と続けていました。
「もしもし　かめよ〜」と歌いながら。
　集中してるなあ。自分の世界に入っているというか…。また来てみると、なんと、まだしているではありませんか。しかし、一枚ずつきれいに並べられ、どんどん片付いていました。最後のスプーンを洗い、スポンジを水で洗い、きゅっとしぼってスポンジ置き場に。それから、机や椅子を少し動かして、
「おしまい」と言いました。
「完ぺき〜。こゆきちゃんすごいね〜」

お友達になって

3歳児　❀　1月16日

　久しぶりに、メロンクラスで給食を食べました。いずみちゃんの隣です。近くのお友達が、「とどく〜！」と言って手をのばしてくれました。みんなと握手。遠くの人とは目と目で合図！
「早く食べないと…」と周りの子ども達に見守られる中、ごちそうさま。
「じゃあね、かえるよ」と言うと、いずみちゃんは、足で私の足をひっかけて、
「だめ、終わるまでここにいて…」
　両手でお茶わん持ってるからね…。足をからめて"行かないで…"なんて、考えましたね。
「じゃあ、いずみちゃんが終わるまで待っていよう…」
「みほこ先生、ずっといて」
「そうね…」
「メロンクラスのお友達になって…」
「え、お友達？　先生じゃなくて、お友達かあ。いいねえ。そうしたいよ。
　いずみちゃん、これから寝るんでしょ。起きたら、遊ぼう」
「うん」

「なにして遊ぶ？　パズル？」
「いいよ。先生がいいって言ったらね…」と担任の先生のことも考えていました。

● 大きくなったら…

　　　　　　　　　　　　　　　　　　5歳児　＊　1月18日

　マスカットクラスでごはんを食べました。
　あさこちゃんが、大きくなったら何になりたいかという話をしはじめて、「お花屋さんになる！」と言います。
　まどかちゃんは、
「私は、絵描きになる。桜の花とか、緑の木とか、お部屋の中のこととか、いっぱい描いて、それから、子ども達に見せてあげたい…」と、目をキラキラさせて言うのです。
「みほこ先生は？」と聞かれ、
「う〜ん、と、いっぱい勉強して弁護士かな…」と言うと、
「もうでも大人だし、保育園の先生でしょ」と言われてしまいました。知ってるなら聞かないでよね…。
　それにしても、まどかちゃん、まだ十分子どもだけど、"絵をいっぱい描いて子ども達に見せてあげたい…"という思いは、どこから生まれてきたのでしょう。大原美術館での経験もあるのかな…。

● 出前屋

　　　　　　　　　　　　　　　　　4・5歳児　＊　1月22日

　土曜日は登園する子ども達が少ないため、2〜5歳の子ども達が一緒に戸外で遊ぶことが多くあります。ゆったりと、ほのぼのと時が流れていくような気がします。
　砂場と築山の上のお家で4・5歳の子ども達が大勢遊んでいました。落とし穴作り、お店屋さんごっこ、など、いろいろに遊んでいる中で、数人が、三輪

車を逆さまにして、新聞紙をかぶせていました。
「どうしたの？」
と聞くと"交通事故なので、新聞をかぶせて見えなくしています"とのこと。
そうしていると、築山のお家から電話の音が…。砂場のお店の人がなにやら持っていっている様子。聞けば、出前屋だとか。食べ物を配達しているのです。
「なんでもつくれますよ。なんだって… 中華丼でもね」
　へえ、電話一本でなんでも配達してくれるんだ。
「今度、事務所にもお願いします」
「えっ？　本当？　砂なんだけど、持っていっていいの？」
と、そこだけ、現実。出前屋かあ…。

● 見ているよ

1月25日

　久しぶりに園庭に出ました。3歳児がうんていをして見せてくれます。
　一つずつ慎重に進む子。身体を回転させながらぐいぐい進む子。振りをつけるように一つとばしができる子…。子ども達のそれぞれに驚いたり感心したりでした。上手だねえ…。
　ボールを投げたり受け止めたりも、1.5mくらいだと、どの子も上手でした。
　一人ひとりの子ども達を認めて、拍手を送りました。

　マスカットクラスに行くと、こま回しに夢中の子ども達。回しながらも発表会の時の踊りを踊ったり、ミソミラシソミ〜と合奏の曲を歌ったり。
　えいとくんはお泊り保育の時のきもだめしの話をしています。
「廊下に、がいこつがいたよね…」
「みほこ先生と一緒に行った」
「チェリーのところに首の長いお化けがいた…」
「まさきくんはひろき先生に抱っこしてもらったんだよ」
　よく覚えてるね。

あと2か月…。保育園生活も残り少なくなり、子ども達は小さな胸に今までの思い出を繰り返し反芻しているのでしょう。ちゃんと見ているよ。卒園のその日まで…。

● サイフの中身はカードです

　　　　　　　　　　　　　　　　　　　　　　　4歳児　❀　1月25日

あきらくんが、サイフを見せてくれました。
「あら、いいね。いくら入ってるの？」と尋ねると、
「え？　カードが入ってるよ」
と言って見せてくれます。"Happy Card"と書いてあったので、幸せになれるカードか…と思っていると、デパートのカードだったらしい。ほかにも、小児科の診察券など、たくさん入っているではありませんか。カード一枚で、何かが買えたり、受付ができるこの世の中で、子ども達はどういう金銭感覚や価値観を持ってかけぬけていくのだろう…。
「私もつくらなくっちゃ。ゴールドカードにしよう」と言うと、子どもたちも、

「いいねえ、ゴールドカードつくろう…」とおっしゃっておりました。

🌸 嫌いって、好きってこと

4歳児　❋　1月27日

　チェリークラスで給食。しょうたくんが、
「え〜、みほこ先生くるん？　マスカットへ行けば？」
「何で？」
「だって嫌い」
「嫌いか…」
　嫌いって言われてしまいました。しばらく同じ机の子ども達と話します。
　私の食事が終わる頃、しょうたくんはどこかに行ってしまったかと思うと、私の机の下から自分の席へ座ろうとして、くすぐったり、笑ったり…
「ごちそうさま〜」
「えー、まだ残ってるよ」
「もうお腹いっぱいだなあ。帰るの？　まだいてよ」
「しょうたくん、私のこと嫌いなんでしょ？」
「好きだよ」
「嫌いって言ったじゃない」
「嫌いって、好きってこと」

🌸 子ども達の声

4歳児　❋　1月28日

　チェリークラスの子ども達が、午後から外で遊んでいます。
　子ども達の遊ぶ声って、なんて心地良いのでしょう。小鳥のさえずりよりも、せせらぎよりも、なんとも言えず心に沁みてわくわくしてきて、そばに行かずにはいられない…って感じです。
　さえちゃんたちは、おだんごをつくっていました。砂をかけたり、水を混ぜ

たりしながら夢中でつくっていました。私も一緒にお団子をつくりました。楽しかったあ…。どこの土を使ってどのくらい水を入れればいいかを何度もつくりながら知っていくのですよね。

● バツグン？

2歳児 ❀ 2月1日

　しおりちゃんは、この日、ずーっと粘土をしていました。できたものを見せてくれ、
「バツグン？」
と言っていました。おうちでだれかが言うのかなあ…。

● 粘土遊び

2歳児 ❀ 2月1日

　粘土を使って手でこねる、のばす、ちぎる…をしっかり遊んでいます。
　みんな上手だなあ…。みつるくんは、お皿に粘土をたくさん入れて、
「うんこ」と言います。
「え〜！」と言っていると、
「先生、食べて」と持ってきます。
「ケーキだよ」とすぐに変えました。
「中にいちごが入っているから…」
「ふーん、じゃ食べてみよう。おいしいね」
　その後はまたおしっこ、うんこを繰り返していました。
　人に食べてもらいたい時だけ、ケーキや食べものになるらしい…。

● もてなし上手？

2歳児 ❋ 2月2日

　久しぶりに行くと、みんなはいろいろなものを持ってきてくれます。もてなし上手です。
「お酒よ」「ビールです」「お茶です」「牛乳です」
　お腹がおかしくなりそう…。
「手を握ってぐるりん回りさせて～」
「絵本読んで～」
　…いろいろな注文も…。
　しばらく遊んでシューズを履こうとしたとたん、
「まだちょっとしか遊んでないからもっと遊ぼう」
と言ってくれました。2歳の子ども達は、立て続けに思いを込めて話すのです。

　　24人の子ども達と4人の保育者。
　　どこでどう遊んでも良いように

保育者は考えながら動くこと。
子どもの気持ちを汲みとって穏やかにね。

🌸 おじいちゃんの顔

2歳児 ✽ 2月4日

　粘土遊び。人の顔をつくっているようです。
「へえ〜、上手につくってるなあ」
「誰がつくったの？」
「りょうくんです。おじいちゃんをつくったそうです」
「ふ〜ん、上手だね」
　午後になって、おじいちゃんがお迎えに来られました。
「見て！」
　少し嬉しそうに、少し恥ずかしそうにし、帰りの用意をしていました。
　りょうくん、こんなに成長したのですね。

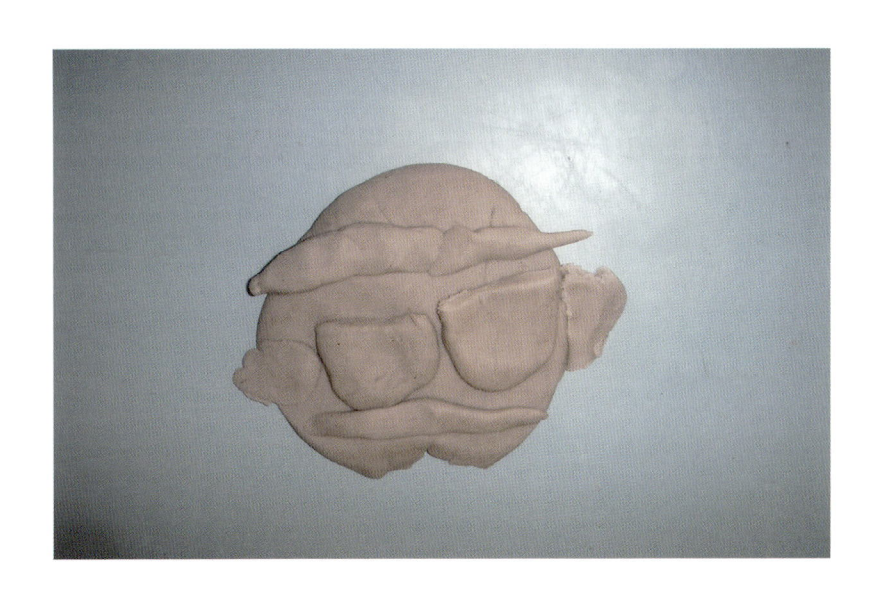

砂場でお仕事

3歳児　❋　2月4日

　メロンクラス。砂場にたくさんの砂を入れてもらい、たくさんの子ども達が砂場に来ていました。けいごくんは、スコップを立て、山のようにしています。
　お母さんがお迎えに来ても、
「今働いてるから、もうちょっと帰れん…」
と言っていました。お母さんもクスクス笑い、傍で見守ることに…。砂の量が増えることで、子ども達の遊びが広がるね。

ふたりの音楽会

5歳児　❋　2月4日

　雪遊びのぬりえをしている子ども達のそばにいて見ていると、"北風小僧の寒太郎"をしきりに歌っている子がいました。私も一緒に口ずさんでいると、くみちゃんが空き缶のふたを机の上に置き、細長いブロックを2本用意し、たたいてリズムをとり始めました。和太鼓のリズムに似てるかな？　と最初は思ったのですが、"雪"、"森のくまさん"、"大きな古時計"を歌うと、次々といろいろなリズムで伴奏してくれました。
　くみちゃん、上手だね。傍で聞いていた、まいこちゃんが、
「森のくまさんが一番良かったよ」
と言いました。
　私が事務所に帰る時間になったので、
「くみちゃん、いっしょに演奏会しようか。お友達にも聞いてもらう？
　時間は11時30分で良い？　用意しておいてね」
と言うと、その頃、まいこちゃんが呼びに来てくれました。マスカットクラスへ行ってみると、みんなは給食を食べるところでした。
　椅子を並べて小さなステージが用意されています。すごい…
　2人でおじぎをすることに。くみちゃんはカーテンを開けるところから始め

てくれました。かおり先生が
「みんな、今日は演奏付きのちょっと豪華な食事です」
な〜んて、ちょっと洒落たことを言ってくれました。
"雪"、"森のくまさん"、"大きな古時計"を２人で披露しました。私が歌い、くみちゃんがリズムをとります。くみちゃんは真剣そのもの。そしてとても上手でした。歌の内容や間合いをよく捉えて、ドラムをたたいていました。
　みんなも、ご飯を食べながら興味津々で、それから少し嬉しそうに見たり、聴いたりしてくれました。
　演奏をすべて終え、おじぎをするとみんな拍手をしてくれ、
「くみちゃん上手だったね！！」
と口々に言っていました。子ども達は本気でそう思ったようです。
　くみちゃん、３歳児の頃は、本当はできることでもみんなの前ではしようとしない恥ずかしがり屋さんだったのに、今ではみんなの前で、自ら用意してやり遂げたのです。くみちゃんやったね。先生は涙が出るほど感激したよ。本当に大きくなったね。楽しい思い出をありがとう…。

言葉がけ

1歳児　✻　2月8日

　りおくんが、アンパンマンの指人形を両方の人差し指につけて、
「合わせてチュ」
なんて言って喜んでいました。ずいぶんと長い間楽しんでいましたが、そろそろ棚の上に返してほしいな…と思っていると、
「イヤダ〜」と逃げ回ります。
「アンパンマンが帰りたいって言ってるよ」
「お母さんの所に帰りたいんだよ」
「帰してあげなきゃ、りおくんもお母さんの所に帰れないかもよ」
なんていろいろに言っても、どんどん逃げて、部屋の端まで行きました。
　ようこ先生が、

「カレーパンマンが帰って来てーって言ってるよ」とりおくんに一言。
　りおくんはじっとそれを聞いた後、少し考えて
「いーやーだー！」
　あれ、いやだって言ったね。
　すごいね、りおくん。きっとちょっと前ならすぐに持っていってたよね。成長ですね。

🌸 新しいお友達

1歳児　❋　2月8日

　泣くばかりで、ジャンパーを脱ごうとしません。
　脱がしてあげた方が…という声もありましたが、どうでしょう。"簡単に脱ぐものか"って思っているでしょう。でも、そのうち簡単に脱いでくれるかも。

🌸 したいこと・してほしいこと

1歳児　❋　2月8日

　パンツをはかせるだけではなく、はきたいという気持ちが持てるような援助、言葉がけを。
　難しいけれど、保育者は援助をしながらも、子どものしようとする気持ちに寄り添いながら見守り、してほしい時にはしてあげる…　両方を持ち合わせたい。そのときの子どもの心を汲みとることが大事ですね。

🌸 オニの絵

3歳児　❋　2月9日

　メロンクラスで、ワラ筆を使って、オニの絵を描きました。
　りょうくんはすごい勢いで描き、頭の上にりんごのようなものを描いたかと思うと、満足そうな表情でポーズをとっていました。

「りょうくんすごいね」と言うと、
「カブトムシオニだ！」と言っていました。そうか、だから頭の上の角は一本力強く出てるんだ…と感心しました。

　るいくんはオニを描きながら、私が見にいくと私をやっつけに来て「パンチ、キック」と言い、その気になるのですけど…　また元に戻ってオニの角を描いていました。
「豆も投げる」と言っていました。おもしろいなあ…　3歳児も。

🔴 園庭で遊ぶ

5歳児　❋　2月15日

　マスカットクラスのまなかちゃんが、一輪車に挑戦しています。バーの間を、最初は一輪車のサドルにもちゃんと座れなかったのに、何度も繰り返しているうちに、座って、前のめりにですが、少しずつ前に進めるようになりました。私はほかの子と遊んだり、援助したりしながら、まなかちゃんをときどき

見つめていました。端っこまで行けた時、私の方を見たので、「最後までいけたね」と拍手を送りました。嬉しそう。それからも何度もしていました。ゆっくり、でも確実に、少しずつ上手になっています。端っこまでいくと、
「みほこ先生〜」と私を呼ぶようになりました。
「がんばったね」
　まなかちゃん、明日もするかなあ。こげるようになってほしいな。見ていたい。その日がくるのを。

　れいじくんはビニール袋を持って、
「これで風が吹くのがわかるよ」
と言います。今日は風が強く、ときどきビュービューと吹いています。れいじくんはまっすぐ立って、ビニール袋を立てて持っていました。風が吹きます。西北。
「あ〜、吹いてる」
「そうすると、よくわかるね」
「うん、でももっと高い場所の方がいいかもしれない」
と言って、総合遊具の一番高いところへ上がって、試していました。

🌸 一本の縄で

　　　　　　　　　　　　　　4歳児　❀　2月15日

　チェリークラス。せいなちゃんといずみちゃんは縄跳びの縄を引っ張り合うことを、ずーっと楽しんでいました。築山のヒューム管の中から始まって、引っ張り合いながら、踊るように移動していきます。距離が縮まったかと思うと、また離れて…　そのようにして、2人で力加減を試し合い、加減しながら総合遊具の後ろを通り、園庭の真ん中へ。頭の上に置いてだらんと縄を垂らしたり、2人で数分楽しんでいました。おもしろいなあ、子どもって。
　私もすぐに、ことみちゃんと2人でやってみました。私達の場合は綱引きのよう。近くにいる子がすぐに味方になってくれます。3対3で引っ張り合い

ました。がんばった！！　そして私が抜けたので、3人組の方が勝ってしまいました。
「あ〜もう、負けた！」
と言いながら、みんな楽しそうでした。

● 一緒に遊ぼう！

1歳児　✻　2月16日

たいちくんが
「一緒に遊ぼう」と言ってくれました。
「何して遊ぶ？」って聞くと、
「うん？　ひ・み・つ」と言うのです。そうか。ひみつってちょっとステキな響きだね。
　手を引かれて、絵本のところに行って座ります。いろいろな食べ物が描かれているところを見せてくれて「どれが良い？」と聞くので、
「ラーメンがいいな…」などと言ったり、食べさせっこをしたりして楽しみま

した。
　おさるさんが雪の中寒そうにしているページもあり、一枚めくると温泉に入って、ふわ〜、ごくらく、というページも。
「先生も温泉に入りたいよ」
と思わず本音を口走ったり、このおさるさん達気持ち良さそうだけど温泉から出た時は、また寒いだろうな、毛が乾くまで…とひそかに心配もしてみたり…。

　今日はじめて着てきたエプロン、ブタが気球に乗って空を飛んでいるアップリケを見て、「あ、アイス」と言っていました。カップに見えるね。

　同じエプロンを見て、バナナクラスのりょうたくんは、
「ブタさんが空飛んでるね。リスさんは風船持ってるから飛べたよね」と言ってくれました。
「りょうくんの服にはトーマスがついてるね」と言うと
「トーマスは飛ばない。走るよ。そしてね、駅に止まるの」
と次々に話してくれるので驚いてしまいました。

　子ども達って本当に保育者のことをよく見ていますよね。服や髪、お化粧（口紅の色まで）小さな変化を見逃さず、発見してくれます。髪留めを今日変えていたら、すぐに「今日は違うのだね」と、りょうたくんが言ってくれました。保育者である私達も見習わなければ。

　子どもと一緒に遊べる幸せ…
「一緒に遊ぼう！！」
　なんて幸せな誘われ方でしょうか。
　子どもと一緒に、しかも遊ぶのですから。
　主任保育士15年目にして子ども達と一緒に遊ぶことを共有する楽しさを、私の最も幸せな時として最近は過ごしているのです。

● コマ回し

2月27日

　朝、マスカットクラスでコマ回しをしました。あきらくん、しょうこちゃん、こうたくん…繰り返し何度もしています。手のひねり具合がだんだんと上手になっています。私が回そうとすると、あきとくんが、
「先生、コマって絶対回せるって信じてやると回るよ」と言うので
「え？　そう？」と言いながら私は回せるので回し、ひもで引っ掛けて手の上に乗せることに挑戦していました。信じると回せるのか…。そういうあきとくんは回そうとしません。
「あきとくん、コマ回せる？」
「ううん。僕は回せないよ」
「えー、そう？　じゃ、回してごらん、絶対出来るから」
　ひもを巻いてあげ、ひもをもつ指を押えます。親指でコマを持って、人差し指を何度も見せて話しました。
「ひもを持って、親指で押さえて、人差し指でもつ。それから、ひゅって少し斜め下に投げると回る…」
　あきとくんはよ〜く見ていて、言ったとおりにしています。パッと回りました。
「あきとくん、やったね〜、回ったね」
「良かった！」
　下を向いたまま、にやっと笑います。
　担任のさき先生が来たので、もう一度見せてあげようと回してみると、またしても成功。
「やったー！」
　さき先生が、
「あきとくんすごいね」と言うと、コマを見ながら下を向いたまま、ものすごく嬉しそうな顔をしています。
「嬉しそう！」とさき先生が言うと、顔を真っ赤にして、喜びを表していまし

た。
　あきとくん、できるようになりたいと思っていたのでしょう。よかったなあ、今日回せるようになって。お母さんが来た時にも見せてあげようねって言っていたけど、どうしたかなあ…。

🌸 一年の終わりに

1歳児 ❁ 3月9日

　洗濯ばさみで遊ぶ時の厚紙と、小さなミルク瓶を持って、何やら書いています。お人形をそばに寝かせて…。保育者が連絡簿を書いているのをまねしているんでしょう。よく見ていますよね。
　みつるくんは、
「何にしますか？」と、お店の人のように書いてくれます。
「何がありますか？」と尋ねると、
「ゼリー、プリン…」と言っていました。
「郵便です」と言って、サインするように厚紙とペンをくれ、
「ご苦労様でした」と言って渡すと、
「ありがとうございました」と言って立ち去るのです。玄関のすぐそばの部屋なので、やり取りを良く見ているのでしょうね。驚きました…。

　お部屋で遊んでいる子ども達、砂場で遊んでいる子ども達、お昼前にはほとんどの子ども達が部屋とベランダで遊び、少人数ごとにランチルームへ行き、歯磨きをして排泄、着替え、午睡へと進むのですが、さりげなく1人の保育者がお昼の準備をしに行き、1人の保育者はコットを数人分用意し、パジャマのかごを準備し始めると、子ども達も少しずつ、"あ、もうすぐお昼を食べるんだな…"と思っているようでした。
　担当の保育者がエプロンをかけ、三角巾をつけて、おもちゃを少しずつ片付けながら、食事に誘います。子ども達は保育者と一緒に部屋を出て、ルームシューズを履き、ランチルームへと行っていました。そして、次の先生もエプ

ロンと三角巾をつけ、ごはんですよ、と数名に声をかけていきます。最後のグループの子ども達はそうやって出ていく保育者や子ども達のことも感じながら、自分達の遊びも楽しみ、担当の保育者が手遊びをしたり、"もうそろそろ片付けますか？"という言葉に、こなつちゃんなどは黙々とお人形を昨日あった場所に並べ替え、布団を箱の中に全部入れ、遊びを終了させていました。

　しっかりしてきましたね！

卒園間近

　　　　　　　　　　　　　　　　　　　　　　　　　　　　3月9日
　3月に入ると、卒園児の好きな献立が数日出てきます。月曜日はハンバーガーでした。そして今日はヒレカツ…。みんな喜んで食べていました。えいじくんは食べ終えた後、
「今日は先生、贅沢したなぁ〜」
と言いました。そして、おかわりを…。またしても嬉しそうに食べていました。

友達

4歳児 ❋ 3月19日

　チェリークラスで、せいなちゃんとひとみちゃんがケンカをしたもよう…。2人とも丸い同じようなブロックを持っているのですが、顔は暗く、怒っています。そして少し悲しそう。せいなちゃんが、
「ひとみちゃんが許してくれない…」
と言いに来ました。ひとみちゃんを見ると、下を向いて、なんだか本当に怒っています。
　せいなちゃんといって、
「どうしたのかな？　せいなちゃんが何かした？　ひとみちゃんはどうして怒っているの？」などと尋ねても、どちらも答えてくれず…。
「仲良しだからけんかするよね。でも、仲直りした方が、気持ちがすっきりすると先生は思うけどなあ…」
などなど、私一人が喋っていても、2人はいつまでも同じ表情。
「握手してみたら？」と言っても全然しないのです。そのうち私が、
「まだ怒っていたいんだよね」
と諦め、ほかの子に絵本を読み始めると、せいなちゃんは違うお友達と廊下に出ていってしまいました。トイレにでも行ったのでしょうか。その後、私の後ろからくっついて泣いている子がいました。ひとみちゃんでした。ひとみちゃん、怒ってもいたけど、辛かったんだな…。
　ひとみちゃんを抱いていると、せいなちゃんは帰ってきました。もう一度、
「仲直りしないの？　もう一度握手してみたら？」
と言って2人の手を取ると、2人とも手にギュッと力が入っていて、指が曲がったりしていました。そんな力の入った指なのに、ふとふれ合ったので、2人が一緒におかしくなったように急に笑顔になり、アハハ〜と笑ったのでした。これで仲直りです。ひとみちゃんはせいなちゃんの後ろからぎゅーっと抱きついていました。
　そしてしばらくすると、さっき持っていたブロックを使って、ゲームのよう

に遊んでいるではありませんか。もう、まったく…。でも、良かった。怒ったり辛かったり相手を許せなかったり、ちょっとしたことで心を開いたり…。心の揺れと時間も、交友関係を育てるには大切だな…と感じたひと時でした。

ふしぎなポケット

3歳児 ✽ 3月22日

　メロンクラスで遊びました。まなとくんがそばに来て、後ろのズボンのポケットの左側にキャンディが入っていると言います。
（え？　キャンディ持ってきてるの？）と思ったのですが、
「先生にもくれる？」と訊くと、
「うん、いいよ」と言って、ポケットに手を入れ、私の前に差し出します。少し握ってみたけれど、中には何もないのです。
「ありがとう」と言って食べるまねをすると、今度は右のポケットにチョコレートが入っていると言います。
「それもほしいな…」と言うと、
「いいよ」と、今度は右手でポケットに手を入れ、出してくるまねをし、
「1つだけよ」と言って、1粒私の手の中に入れてくれました。また食べるまねをしてみます。
「おいしいね」と言うと、嬉しそうに笑います。
　そばで見ていたやすこちゃんが、
「チョコレート、私にもちょうだい」と言うので、今度はまなとくんに、
「3粒ずつくれる？」と言うと、
「いいよ」と言って、
「1つ、2つ、3つ」と言って私に3個、やすこちゃんにも
「1つ、2つ、3つ」
　それからザーッと残りを入れてあげるまねをして、
「おまけだよ〜」と言ってくれます。2人で食べるまねをしました。
「おいしかったねぇ」と満面の笑みのやすこちゃんに見とれながら、私も食べ

ました。
　部屋を出る時、まなとくんがじっと見て、何度も手を振ってくれました。楽しいなぁ、3歳児。あ、もうすぐ4歳のクラスか…。

🌸 明日の給食

　　　　　　　　　　　　　　　　　　　　　　　　　　3月23日
　卒園式予行の日、お昼過ぎに廊下を歩いていると、しょうたろうくんが走って来ました。
「みほこ先生」
「なあに」と振り向くと、
「明日の給食、ぼくの隣で食べて」と言います。
「いいよ、明日は保育園で最後の給食だね」
「約束だよ」
「指きりしよう、指きりげんまん、明日の給食はしょうたろうくんの隣で食べる、指切った！」
　とても嬉しそうな顔をしてまた走り去っていくしょうたろうくんを、ずっと目で追いました。"もう保育園ともお別れ…"と思っているのでしょうね。あわただしい春の日に、告白されたような嬉しさをもらったひと時となりました。

🌸 見えないけれど、見えるもの

　　　　　　　　　　　　　　　　　　　　　　　　　　3月28日
　バナナクラスへ行ってみました。真っ白な壁の前に立っているしんごくん。何をしているのか見ていると、
「本を見てる…」
と言います。何も無いところから一冊の本を取り出すまねをし、嬉しそうに走っていきました。また帰って来たので、
「しんちゃん、何の本？」と聞くと

「30周年、30周年…」
と言う。30周年？　何だろう…。ほかの先生に聞いてみると、何かの番組ですかね…とのこと。しんちゃん、目に見えないものが見えるらしい。

　やすこちゃん、木のコップとお皿を手で洗っています。
「よくすすがないと泡ついてない？」と言うと、
「まだ泡がいっぱいついています…」と言っていました。子どもには見えるんですよね、お皿についている泡が…。
　それからすぐにワニになって、ヘビになって、みんな床を這いました。
「キャー、誰かやっつけて」
「こわいからいやだー」
と言いながら、ウルトラマンのビームの格好をしたりしています。素敵です、みんな。うらやましい…。

3月、ある日

　どのクラスも安定感があり、子ども達はそれぞれに、保育者や友達と一緒に、毎日、楽しそうに遊んでいます。今年も、それぞれの先生達の一生懸命さに感動したことが、何度もあった1年でした。
　ここ数年の保育や子ども達の遊びや、生活を振り返ってみると、保育の中の目に見える部分をとってみれば、さまざまな変化があったように思います。運動遊びを始め、環境を整えたり、楽しめるように援助すれば、目に見える部分はどんどん変わっていきます。時代は流れ、世代が変わり、生活が変わり、子どもの遊びにもさまざまな変化が現れてきました。
　それでも、目に見えない"心"はどのように受け止め、考え、育てていけばいいのか。それこそが最も大切であり、また難しいのですよねえ…。表現すること、思いやる気持ち、物を大切にすること、我慢すること…。大切に育てたい。日々の保育の中で…。

そんなことを思いながら、今年度も、もうすぐ終わりが近づいてきています。

今年度は、シャエルちゃんとの出会い、北欧（スウェーデン、フィンランド、デンマーク）の視察研修など、特別な出来事もありました。
日々、子ども達と感動や遊びの楽しさを共有することも多くありましたが、一方で保育者を育てることの難しさ、保育者間の人間関係、保護者への対応など、いつも心の中で考え続ける日々でした。すべてが保育であり、人生なのでしょうけれどね。

1月、2月、3月…は矢のように過ぎていってしまいました。毎日のように鬼ごっこをし、お昼を一緒に食べ、抱きしめ（抱きしめられ）ました。マスカットクラスの子ども達も3月27日に卒園していきました。
こんなにいとおしいと思った年もなかったかもしれません。たくさんの思い出をありがとう…　子ども達に感謝の気持ちでいっぱいです。でも、マスカットクラスに入り浸っていたので、ほかのクラスのことや園長先生のお手伝いが十分出来なくてごめんなさい…でした。

> **解題** —— 冬

1年を通して、日々をともに暮らしてきたクラス。
　親しさが深まり、できなかったことができるようになり、たがいに思いやりあいながら、それぞれに、その年なりの成熟を遂げていきます。卒園する子どもたちは、残された時間を大切に、最後まで味わいつくしていきます。

　コミュニティは、それ自体が一つの生きもの、生命体だといわれます。春、新しく誕生したクラスは変化の時期を乗り越え、生命を謳歌する夏のように活気に満ちてゆき、やがて成熟して、ひとつの終わりを迎え… そしてまた春がくるとき、新たな誕生を迎えます。

> 　一人の幼児を新たに幼稚園に迎えるということは、幼児にとっても、幼稚園にとっても、重大な事件である。…今新しい幼児が、その新しい声と顔をもって、あなたのもとに来たのである。あなたもまた新しい心をもって迎えざるを得ない。…
> 　歴史的には幼稚園は何時から創まっているにしても、あなたが幼稚園教育に何年従事しているにしても、幼児のためには新入園の時から幼稚園が始まるのである。またその幼児のためには、あなたもこの時から始めて保姆になるのである。考えて見れば大いに心を新たにせられざるを得ない（倉橋惣三『幼稚園雑草』）。

　卒園を見送ったかと思えば、またすぐに新しい年度が始まります。それまでの年に別れを告げ、新しく年を重ねながら ─ 日々あっという間に大きくなり、変化し続ける子どもたちと、一人ひとり、一瞬一瞬を大切に出会う中で ─ 私たちも新しく生まれ変わっていきます。
　それが、保育者という存在であり、保育園という場所なのだと思います。

(西)

⋯⋯➤ 子ども達の描いた絵 ◀⋯⋯

　春夏秋冬、日々の保育の中で体験した感動を、子ども達は思い思いに描いています。

左：桜（5歳児）
右上：大根（3歳児）
右下：船（4歳児）

左上：芋（3歳児）
左下：節分の鬼（3歳児）
右：節分の鬼（4歳児）

広がる遊びの世界

友達との交わりの中で、我を忘れて楽しむとき。心ゆくまで、自分自身のイメージを追求する時。
　遊びを通して、子ども達の世界は無限に広がっていきます。

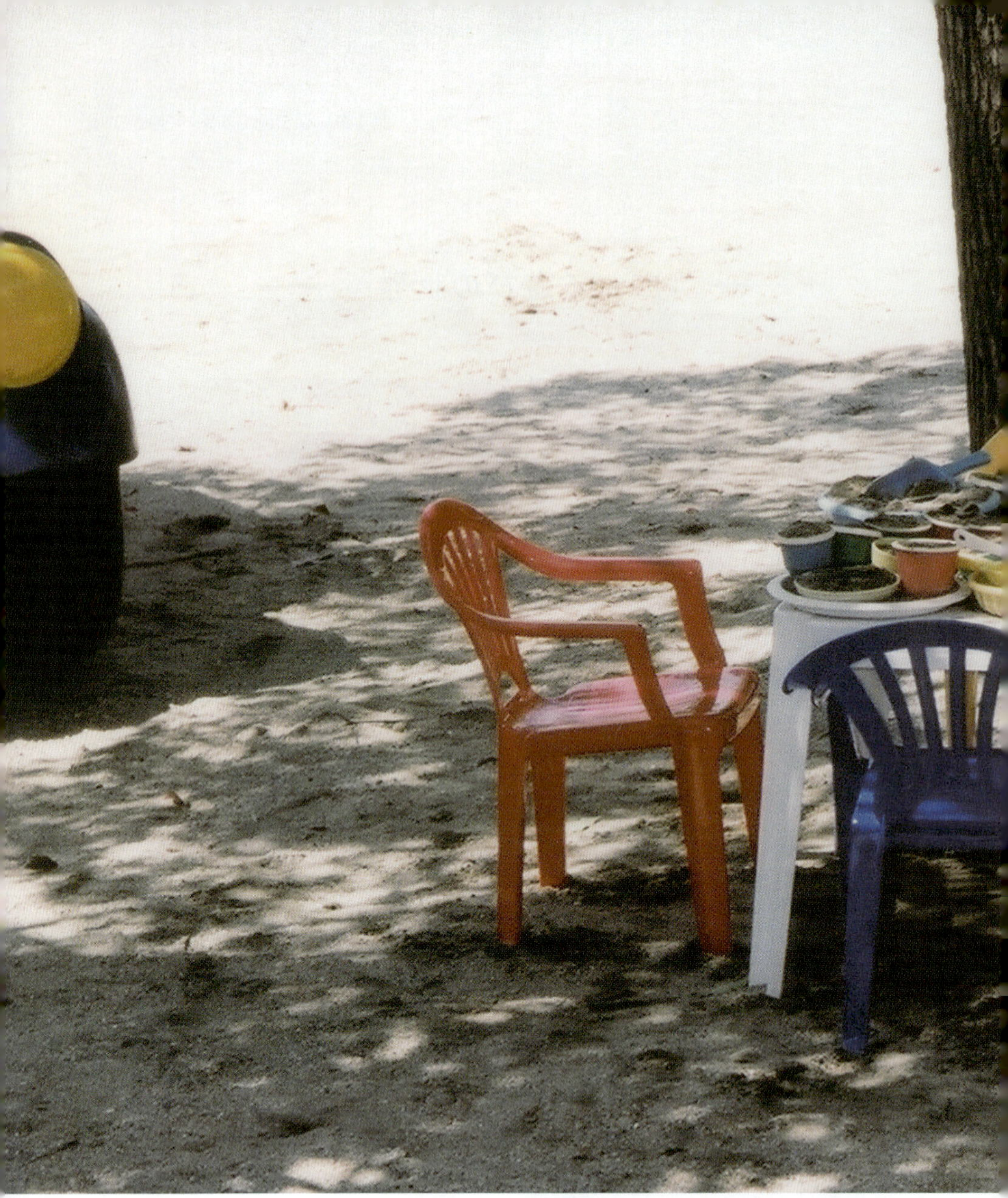

第 2 章　保育に想う

子ども達の遊びが終わった後 ── 保育者の省察が始まる。

🌸 赤ちゃんの澄んだ瞳

　　　　　　　　　　　　　　　　　　　　　5月20日

　さなえ先生がオムツ交換をしています。ゆうこちゃんだ。気持ち良くなったね。じー…っと見てくれます。きらきらとして、そしてとても澄んだ瞳のゆうこちゃんです。知らない人が部屋に入ると、じっと観察するんですよ。この人、誰だろう。優しい人かなあ…って。よく見てるのよね、きっと。

「私達も、子ども達のことをよく見なければ…ね」
「はい、子ども達からたくさん教えられてます…」

　そうだね…。2年目の、さなえ先生です。

🌸 泣いてないよ

　　　　　　　　　　　　　　　2歳児 ✾ 7月8日

　バナナクラスの、じゅんくん。先週は登園時に泣くことが多かったようですが、今週は泣いていない様子。私を見つけると
「今日、じゅん泣いてないよ」と言います。
「そう、えらいね」と言うと、嬉しそうに笑います。
「でも、泣きたい時は泣いてもいいんだよ。みほこ先生に聞こえるくらい、大きな声でね。そしたらすぐに、じゅんくんのそばにくるよ…」と伝えました。
　先週、私が気にしていたのを、2歳児のじゅんくんはわかっているんですよね。だから出会っただけで、じゅんくんのほうから泣いてないことを言ってくれたりして…
　朝、泣いている子というのは、とても気になるものです。逆に子どもにプレッシャーをかけるようなことになってもいけませんが…。主任としてできるだけ、その子や保護者の方や担任の先生の負担にならないように見ていたい、と思っています（担任の先生はあまりかまってほしくないかも、でしょうか）。

そう思われないようにも気をつけなければ。

● 実習生を受け入れるということ

7月16日

　今日から実習生が4人、クラスに入ります。0歳児、1歳児、2歳児、3歳児クラスへ。実習Ⅰ・実習Ⅱと20日ある暑い時なので、健康で実習を終えられればいいなと思っています。自分自身が学生の頃の経験からも、実習園の様子や担当して下さった先生方のことを今でもよく覚えているので、保育の楽しさや保育者の仕事、保育園の生活など、感じて欲しいと思います。

　実習生さんが書いた、実習ノート。あるページには"自分にとっての保育観や子ども像を見つける"と書いてありました。う〜む、なかなか大切だけど難しい…。
"実習で学びたいこと"の中には、
  ・雨、虹など、予想外のものが現れたとき、どのように保育にとり入れるか。
  ・トラブル、異変にすばやく気づくために、どのような場所から全体を見ているか。
  ・どのように語りかけていくのか。
  ・落ち着かないとき、どんな方法で集中させるか。
  ・偏食について。
  ・けんかをしているときどのように対応するか。
  ・どのような場面で手遊びを取り入れているか。
  ・どのようにして、一人ひとりの個性を見いだしているのか。
  ・保育をしていて自信を失ったりしたとき、どのようにして立ち直るのか。
  ・臨機応変に保育するということは、どういうことか。
  ・どういったところで1対1の場面をつくっているのか。
など、いろいろな思いが書いてありました。このことについてもっと話し合ってもいいですね。

実習ノートに書かれた毎日の反省の下に、保育者がコメントを書いたり、指導計画の書き方について記入したり、話し合ったりしていきます。保育の中で大切にしていること、発達などについて保育者自身も見直す機会になるので、お互いに勉強になると思います。

実習で学ぶこと

7月

　実習生が、7月2日から3人来てくれています。
　日誌の「本日のねらい」のところは、その日の保育のねらいを書くんですよね。「子どもの姿」は、自分の目で確認したこと、担任保育者から教えてもらったこと、両方を書くといいですね。
　それにしても、"ねらい"に養護のねらいを記入すると、保育者の援助・配慮事項と重なるように思えてならないのですが…

　保育実習で何を学ぶのでしょう。
　子どもをよく見ること。保育者の動きをよく見ること。そして自分がやってみること。

　2歳児を排泄に誘うとき。
「イヤダ」と言われたら、どう言うか。
　食事に誘うとき。どう誘うか。言葉で、気持ちで…。

遊びの見方、遊びの深まり

8月18日

　水遊びやシャワーの時。個人用のかごに一人ひとりのマークと名前を書いたものを貼り、着替え、ビーチバックを入れた上で、担当ごとに分けて置いてあります。できるだけ大人も子どももわかりやすく、を工夫していることが窺え

ます。保育の中で混沌とするような場面は多々あるのですが、少し工夫することで、動きや流れがスムーズになることもあるはず。具体的に表示する、並べる、置く場所もそう。最近、そういう環境提供、環境作りが上手になってきたことを感じます。

　夏には毎日のようにおこなわれる水遊び。日々繰り返すだけでなく、成長していく子ども達の年齢や、そのときどきの興味に沿っていくには、どのような環境を準備すればいいでしょうか。そのことを、主任保育士として、どのように話していけばいいか。何をもって今日はよく遊んでいた、良い保育だと考えるのでしょう。その反対も…。

　子どもや遊びの見方については、その都度担任の先生たちと、また、ほかの機会に全員で話し合い、さまざまな考え方や思い、共通理解を持てたら、と思います。

● ともに育つということ

8月21日

　複数担任で保育をするにあたり、何を大切にするか…。担当の子ども達のことを細やかに把握すること。子ども達を心から愛し、信頼関係を築くこと。クラス内の子ども達のことも同様にではありますが…。保育者同士の連携を密にとり、かつ柔軟に対応していくこと。ほかの保育者との意見や思いを交わせながら、よりいっそう自分の保育観を高め、一人ひとりの子どものことを知ろうとすること。どの子にも真剣にかかわること。

　子ども達はさまざまな場所で、自分を表現し、遊びを創り出し、保育者が準備した環境や、保育園に設置されている遊具や園庭でいきいきと遊んでいます。

　保育者が育つということ。子ども達を想い、一生懸命心を尽くし保育する中で、子ども達が育ちます。主体的に、創造的に、仲間とともに、子どもは育っていくのです。

● 笑顔が上手？

5歳児　❀　8月30日

　マスカットクラスのそうまくんが、
「みほこ先生、笑顔が上手じゃなあ」と言ってくれました。
「笑顔がいいってこと？　嬉しいなあ」
　最近笑顔で過ごすことが少ないんじゃないかと思っていたので、子どもからそう言われると嬉しいものです。

　20年前、私が5歳児の担任をしていた時、なにもかもがいっぱいいっぱいで毎日必死に保育していた時のこと。砂場での遊びのときは楽しそうに援助（一緒に遊んでいたのです）していると、
「みほこ先生、笑った顔の方がかわいいよ」と子どもに言われ、
「しまった。最近怒ってばかりいたかもね～」と反省したことを思い出しました。

ともに生きる日々

9月4日

"地を這いずるような子育て（保育）の毎日が、高い思想、文化、芸術につながっている。"

　津守眞先生のおっしゃる言葉には重みがありますね。『保育者の地平』をはじめ、津守先生の本を繰り返し読んでいるのですが、私も保育って何だろうってよく思います。子どもと保育者が織りなす日々の営みであり、互いが創り出す生活と遊びかなと思うことが多い。保育とはもちろん芸術であり、戦いであり、感動だとも思うのですが…。

　子ども達そのものが、芸術だと思います。
　子どもが描く絵。話す言葉。遊び入る姿。思いやる心。世の中のすべてのものを美しく映し出す瞳。どの場面に目を留めても、子どもこそが芸術だと思わずにいられない強さ、優しさ、しなやかさがあり、それは、どの子どもにも見いだすことが出来る…。
　子ども達の世界をともに過ごすことができる日々を、本当に幸せだと思います。

　保育者の仕事は限りないもの。食事の用意、遊びの準備、片付け、環境整備…。挙げればきりがないほどです。そして何よりも、一人ひとりに応える援助、会話、まなざし、共感する心。保育は自分自身との戦いだと、私はよく思うのですが、もちろん子どもからもらう愛もあり、子どもの眠っている表情に安堵を覚え、抱きしめ抱きしめられるぬくもりがあります。
　子どもの遊ぶ姿に、一緒に過ごす楽しさの中に、自分の心が癒されていることを痛感するこの頃です。

● 朝のひと時

9月10日

　朝、子ども達が登園してくるとき、保育者は、子ども達は、保護者は、本当にいろいろな想いでそれぞれの場にたたずみ、出会いと別れをし、活動が始まります。
「おはよう。待ってたよ。今日も一緒に遊ぼうね」
　一人ひとりを受け入れながら、保護者と言葉を交わし快い別れができるように見守り、持ち物の片付けが出来るように援助していきます。もう、遊び始めている子もいます。朝のひと時は、さわやかでもあり、ちょっぴり切なくもあり、最も心を配る時かもしれません。降園時も同様ですが…。保育者の笑顔、優しい眼差し、穏やかな物腰は子どもだけではなく、お母さん、お父さん達にもそのまま伝わっていくように思います。この先生に大切なわが子を預けよう…。信頼関係の中で子ども達は育っていくと思います。メロンクラスの朝の様子を見ていてそう思いました。

● おばあちゃん

9月14日

　敬老の日のお祝い会。ようたくんのおばあちゃんとお話をしました。
「子どもの反抗期の時っておもしろいね。だめよ、と言うと余計にしますね」
とおばあちゃん。余裕ですね。
　二人のお孫さんたちが2歳、1歳のとき家にいらっしゃったので、送り迎えと働くお嫁さんが帰ってくるまで面倒を見ておられた。どこか働くところはないかな…とよく言っておられたのですが、今ではお孫さんたちも少し大きくなり、おばあちゃんも仕事を始め、反抗期を面白いとさえ言うようになっています。
　祖父母が育児に協力する家庭も増えていますが、祖父母のもつ悩みも多いのだろうと思います。もちろん楽しみもたくさんあるわけですが…。

　育児…いつも同じ場所に留まりはしない。みんな成長し変わっていく…。成長していくのですよね。希望を持って支え続けることの大切さを改めて感じました。もちろん、みんなでね。

● 流れる雰囲気の中で

0歳児　❀　9月16日

　4時頃から1時間ほど、ピーチクラスで子ども達と遊びました。歩けるようになっている子が多いので、室内やベランダを思うように歩いていき、玩具で遊んではまた次の場所に行って友達ともときどきふれ合い、保育者にもくっつき、自分の遊びを楽しんだり、試したりと本当に楽しそうに遊ぶ子ども達に見とれてしまいました。
　看護師の先生が洗濯物（おしぼり、エプロン）をたたみ始めると、すぐに2～3人の子ども達が傍に行き、カゴから洗濯物を取り出していました。よく見ているのですよね。洗濯物を干すところ、コップを洗う音、掃除機をかける音、机を拭く姿、床を拭くところ…　生活のさまざまな音の中で、また、大人

がしてくれる動作を見ながら、確実に人として育っていってくれることを願っています。

　子ども達はやわらかい。身体全体がふわっとしていて動きもやわらかい。赤ちゃんの部屋で抱っこしたり、一緒にハイハイしたり、歩くことを支えたりしている時の心地よさはなんとも言えないものがあります。子ども達と離れた後もそのやわらかさと温かさが、自分自身の手や心にしばらく残っているのです。
　ゆうくんがすっくと立ち、3歩歩いては嬉しそうにしていたこと、こころちゃんが小さな椅子を片手で持ち運んでいたこと、すずかちゃんが、犬のぬいぐるみに自分の指が食べられそうになるのを繰り返し喜んだこと、かなとくんが重ねカップを持ちジュースを飲む真似をした後、転がしてベランダから密かに落としたこと（こちらをちらっと見てました）、ひかりちゃんがチップ落しが上手にできた時自ら拍手していたこと、まさくんが木製トンネルの横に座り、手作りの四角い積木を積み上げていたこと。
　それぞれの発達段階でできることや、やってみたいという興味の趣く方に、子ども達の心は開かれ、室内全体が充実感に包まれています。きっと、保育者

が一人ひとりをよく見ていること、心から愛していること、大事に思っていること、子どもに感動する感性を持っていることが雰囲気となって流れ、子どもに伝わるからでしょう。

　保育が、子どもと保育者が織りなす日々の営み、と私が度々思う"時"がここにもありました。

● 実習生の方たちへ
　　　　　　　　　　　　　　　　　　　　　　　　　9月20日

　自分が子どもとの関わりをどうするか、ばかりを考えたり気にしてしまうものですが、子ども同士のやりとりを見ることも大切です。そうすると、子ども一人ひとりの良いところがもっと見えてくると思います。

● 保育園に預けるということ
　　　　　　　　　　　　　　　　　　　　　　　　　9月21日

　入所希望の方が、3度目の来園。11月から入りたいとのことです。はじめての子どもを預ける親の気持ちがとても新鮮に、切々と伝わってくるような気がしました。
　申込書を渡し、記入用紙の説明をします。両親揃って、必死で聞いてくれています。お母さんは職場復帰。書類が整った時点で、福祉事務所と連絡を取り合い、入所に向けての手続きや準備を進めましょうということに。10月に運動会があるので、小さなお客様の出番もあることなども話しました。
　最近は両親で保育園を見て、入所を決める、という人が多くなりました。ご両親の絶対的な愛の中で育ってきた大事なお子さんを預かるのです。温かく心のある保育をしなければ…と、気持ちが引き締まる思いでした。

🌸 感じとる力
　　　　　　　　　　　　　　　　　　　　　　　　　10月4日

　朝、子ども達は登園までの間にいろいろな思いをすでにしています。子どもが目の前に来た時ではなく、遠くからでもお母さんと一緒に来ている様子を把握すること。一日中保育園にいる子どもの、健康や心の状態など、すべてにおいてよく見たり、感じたりすることが保育士には必要ですね。

🌸 玉入れ
　　　　　　　　　　　　　　　　　　　　　　　　　10月4日

　ポールの網の中に球を投げる。転がっている球を拾っては次々と投げ入れる。友達と一緒に。笛の合図を守って、白チーム対赤チームで競う。数を数える。どちらが多かった？　など、玉入れという遊びの中に5領域がさまざまに関連し、相互にかかわっていますよね。

🌸 指導計画
　　　　　　　　　　　　　　　　　　　　　　　　　10月12日

　指導案を見れば、その先生がどんな保育をしたいかが、その日の反省を見れば、保育が実際にどうだったかが、伝わってきます。

　子どもの姿、活動の流れやそのための準備、保育者の配慮や援助のあり方、そして後から書き加えられる反省など… 指導案に何を、どう書いていくべきでしょうか。

❃ 何をとっても五領域に広がる。
❃ 主体的な遊びをしている中で一人ひとりを捉える。
❃ 季節、行事、年齢、発達をふまえた活動。
❃ 子どもたちから生まれた遊びを大切に。

指導案や記録の書き方については、絶えず話し合いが必要でしょう。何のために指導案を書くのか、そこから考えていくことも…

●一人ひとりの成長

10月19日

　研究報告「手の動きから広がる遊びと生活場面の関連性を探る」をまとめました。一人の子どものことを事例に取るのはどれほどの労力がいるでしょう。日々の保育の忙しさに加えて、行うわけですから。書かなければならない書類もたくさんありますしね。それでも、メモしたものや、連絡簿、個人指導計画を基に様式に書き込んでいくと、本当に一人ひとりの成長がよくわかるような気がします。その子の個性や保育者の想い、お母さん達の想いが手に取るようにわかったり伝わってきたりします。

ビデオで保育をみる

1歳児 ❋ 10月20日

ストロベリークラスでビデオを撮りました。担当制での動きを中心に…。ようこ先生の動きは落ち着きがあり、子どものことをよく考えた心がありました。

　　前日から玩具を選ぶ、出す。
　　部屋を離れる時、違う玩具を出しておく。
　　子どもをよく見ている。
　　玩具は必要に応じて整理する。
　　その子の発達や関心に応じて、次は何を出そうか、よく考えている。
　　遊びの充実のための保育者の言葉がけ。

保育者の想い、子どもをどれだけ大事に見ようとしているかがよくわかるビデオとなりました。ストロベリーの先生方、ありがとう。また見てください。

子どもが育つ環境

0歳児 ❋ 10月28日

ピーチクラスでのひと時。同じ空間に2人の保育士と5人の子ども達で過ごします。1歳3か月の同じくらいの月齢の子どもが小さな手作りの積木（一辺が7cmくらいの牛乳パックでつくったもの）の上に座ってみようとしています。

2人で取り合ったり、くっついたり、お互いにさわったり… 見ていてほほえましい。そう思いながら、そばで見ている大人が数名いることもなんとも言えずいいな…と思いました。家庭で、母親と子ども2人だけでは経験できないものがたくさんあるように思います。同じくらいの月齢の子どもとのかかわり、少し大きい、そして小さい子どもとのかかわり、母親、父親ではないけれど、自分を大切に思い、成長の過程を見守ってくれる保育士、看護師さん…。

家庭でお母さんのかたわらで安心して遊ぶ子どもとは違った体験や思いをしている。兄弟や、数人の大人の中で育つ子どもともまた違う。

生活感や遊びの環境が豊かにある中で、しっかりと自分を守ってくれる人、助けてくれる人、一緒に遊んでくれる人、一緒に遊んでいるお友達がいること、そんないろいろな環境の中で、その子らしさを発揮しながら成長してくれればいいな…とつくづく思います。

家庭的な保育環境とはどういうものか。幼い子ども達にとって、環境はとても大事ですし、常に考えていかなければならないことだと感じます。

● 子ども達の優しさ

　　　　　　　　　　　　　　　　　　　　　　　　　　10月31日

0歳児のゆうくんを連れていくと、5歳児の子ども達が近づいて来て、本当に優しくいたわるように手をつないだり、見守ったりしています。この小さな子が何をしたいのかを心から聞こう、感じようとしているようです。保育者が教えるでもないのに、このように自然にできるのはなぜだろう…。

子どもは直感的に小さい子どもには優しく、ていねいにしなければということを感じているように思います。子ども達から教わります。

● 学びの機会

　　　　　　　　　　　　　　　　　　　　　　　　　　　　10月

夕方事務所で、発表会の時に歌う歌のことを、4歳児、5歳児の先生と話しました。
　ゆめいっぱい、翼をください…
「翼をくださいは中学生じゃない？」
「あれ、そうですか？」
「まっかな秋、上手に歌っているよね…」と4歳児の先生。
「4歳の歌っている、いちょうのはっぱって歌、いいですね…」

とみんな自分の言いたいことを話しています。
「いちょうのはっぱって知らなかったの？」
「短大の時伴奏しなかったの？」
などと言っているうちに、学生時代に学んだ保育の話になりました。

「いろんな授業があったけど、何だかそのときは難しかったですよね。今聞いたら楽しいし、よくわかるかもしれない…」と5年目のかおり先生が言います。
　15年の経験のあるゆりか先生も、
「そうよね、理論と実践が交互にできたらね。ステップアップできると思うけど。そういう制度があればいいのにね。北欧はあるのに…」
「誰にお願いする？」
などと、すぐにその気になる私達です。

● 輝ける子ども達

4歳児　❀　11月9日

　しおりちゃんやかなこちゃんが、どろだんご作りをしていました。かなこちゃんはカップに水を入れたものをそばに置いて、そこから少しずつ水を手で取って、左手に握っている砂だんごに加えていました。お日さまがかなこちゃんをぽかぽか照らしてくれていました。カップのふちとそばにあったお皿に散った水が、太陽の光を浴びて、キラキラ光っていました。その中で黙々とおだんごをつくり続けるかなこちゃん。
　なんとも言えずかわいくて、そのひたむきさがいっそうその光景をキラキラ輝くものとして私の瞳に映しました。
　25年の保育生活の中ではじめてでした。こんな瞬間を見せてもらったのは…。
"子ども、太陽、土、水…遊び"が一体となると、このように感動的なものになるんですね。

"主任"としての仕事

11月8日

❋ 園長先生の補佐。
❋ 保育の理念と想いを保育者に浸透させる。
❋ 子ども達の把握。
❋ 各クラスの保育のありよう。
❋ 園全体のバランスと方向性。
❋ 保護者とのかかわり
…まだまだたくさんあります。さまざまな場面で潤滑油のような役割をしてきたかなぁ…。

　主任保育士の仕事を1年ずつ新しい気持ちで考え始め、子どもの言葉、子どもの遊びなどあらゆる場面を捉えて書き綴ることを楽しんできました。やる

べきことはいくらでもあり、難しい場面もたくさんありました。でも、いつでもどの年齢の保育も子ども達の状態も見ることができる。どの子どもとも、かかわることができる。保育ノートが書ける。
　…と、楽しいこともあるではありませんか。

　主任保育士の仕事って奥が深く、そして大切だなあ…とつくづく考えさせられる今日この頃です。

🌸 保育の展開

11月11日

　ペープサート、転がしドッジ、秋の自然物を使った遊び…　みんなでする遊びも、どのように展開するか…　すべてを「一斉保育」「自由保育」にするばかりではなくて、いろいろに考えられます。
　みんなに声をかけて、一緒に転がしドッジをした後は、それぞれが自由に遊び始めたり、それからまたみんなで遊びたくなって声をかけたり…　子どもたちが一人ひとり楽しんだり、みんなでつながっていったり、柔軟に展開していく保育が望ましいのではないかと思います。

🌸 保育者の取り組み

4歳児　❀　11月15日

　4歳児のクラスでは、さまざまなところで遊びが展開しています。
　「この前言っていたように準備をすると、今日本当に子ども達がよく遊んでびっくりしました…」とかおり先生。
　そうですね。あの時、そんな話し合いが今日の保育につながったこと、嬉しかったです。
　少しずつ子ども主体の保育、子どもの心持ちを汲んだ言葉かけなど、どうすればいいのかをわかってもらえれば、これほど嬉しいことはありません。

一生懸命取り組むのって素晴らしい。

● 保育をどう見るか

11月30日

明日から12月。2日の土曜日には、また学生さん達が見学に来てくれます。バナナクラスのカレンダーに、

> ❋ 子どもの遊びを見よう。
> ❋ どんな遊びをしているか。
> ❋ 保育者の動きはどうか。

と書こうと思っていましたが…

> ❋ 保育の準備や環境が整っているかどうか。
>   子どもが遊び出したくなる環境かどうか。（計画も大事）
>   そういう環境が準備されていないとしたら、子どもの遊びを大事にしているとは言えない。
> ❋ 子どもがどんな遊びを楽しんでいるか。
>   保育者はよく見て援助し、言葉がけをすることが大切。
>   子どもの思いがどこにあるかを汲むことが大事。
> ❋ 子どもが遊んだ後…
>   今日の保育はどうだったかを反省し、明日の保育に生かしていく。

と書いてしまいました。

ランチルームやそのほかのところにも、見方や考え方を書いた方がいいなあ。ランチルームでは、

❀ 衛生面はどう気を付けていたか。
　　❀ 準備はどこまでされ、子どもが来てからの準備はどのようになされていたか。
　　❀ 子どものスプーンの持ち方、一人ひとりに注目すること。
　　❀ 食べない子への援助、言葉がけ。
　　❀ 楽しく食べるために、どういう工夫がされているか。

など、それぞれにメッセージを添えておこうかな…。

　保育は子どもと保育者が生活と遊びを織りなす日々の営み。毎日同じことの繰り返しはあっても、決して同じ日はない。生活リズムや流れは同じでも、その中で起こることに同じことはない。
　子どもは日々成長している。それに対する保育者の対応も違う。喜びや、考えなければいけないことが日々違う。
　だから戦いでもあり、感動もあるのですよね。

● ミルクの頃

　　　　　　　　　　　　　　　　　0歳児　❀　12月5日

　中山保育園でまとめた、手の動きの発達についての研究報告書。離乳食の部分を振り返りながら、保育士１年目の、りか先生がこう言いました。
「あー、もう一度ミルクを飲ませてみたいです！」
　離乳食もはじめてだったので、抱っこして食べさせるのが精一杯で、「ちゃんと口に入ってる？」と体が折れ曲がりそうなほど見たり、食べるからとどんどん口に入れてあげていると、途中で"べぇー"と出し、「あらー、嫌いなんだ」と大騒ぎしたり。そんなことをしていると、離乳食はどんどん進み、一人で椅子に座って少し手伝ってあげるだけで食べられるようになりました。「あの頃に戻りたい〜」と言うのです。
　そんなこと思ってるのね…。すごいねえ。半年の成長がそんなふうに言える

なんて…。

● 流れゆく雲

4歳児 ✲ 1月28日

　4時頃園庭にいると、空にきれいな雲の筋が…。
「きれい！」と言っていると、りゅうのすけくんが
「どうしたの？」とやってきます。空を見て！　と誘うと、
「うわー、花火みたい」と言います。そうだね。飛行機雲の後にも見えるし、4機飛んだのかなあ…　すごいね。
　そして数分後、真っ白な雲。
「うわー、こんなに変わってる〜」
「雲はずっと流れてますよ」
と、ようこ先生。本当、少しずつ雲は動いている。しばらくして、違うところからひそかに見てみると、またずいぶん変わってたなあ。雲を眺めて、過ごしてもいいなあ…と心から思った瞬間でした。

🌸 ピーチクラス 園内研修

0歳児 ❋ 2月10日

部屋に入った時、心地良い緊張感が感じられました。今日はがんばろうという心構え。部屋中に穏やかに流れています。

とうやくんは私にボールをあっちに転がすようにと指で方向を示します。コロコロと転がしてあげると、嬉しそうに取りに行き、また私のところまで持ってきてくれる、それを繰り返しました。そのうちにとうやくんも転がしてくれたり、左足でキックしてくれようとしたり。心が繋がっている時、見ていてくれる大人がいる時、子どもはとても幸せそうです。

雨上がりの小園庭にて。
水たまり2つ。つよしくんが入ってしまう。靴がびしょ濡れ。ボールも入ってしまう。
あなたならどう考えますか？

> ❋ 衛生面　　玩具、窓、もろもろ
> ❋ 赤ちゃん体操
> ❋ わらべ唄の取り組み
> ❋ 遊びは発達を細かくおさえること
> ❋ 子どものしていることに目をとめて共感する
> ❋ 離乳食についてどのように細かく配慮するか
> ❋ 担当制の連携をいかにもつか

0歳児における書類の書き方を含めて、さまざまな見方、課題が明確になりました。

> 日々の何気ない暮らしの中で、子ども達がさまざまな経験をし、さま

> ざまな感情を味わう。
> 　保育者がそこにいて、一緒に遊んだり、何かを提供したり、あなたを見ているよということを伝えたい。
> 　心を豊かに育てたい。

● Be a good boy, always.

2月14日

　ランディくんのお母さんが、毎朝連絡簿に書いていることに感動。フィリピン語、英語、日本語…何ヵ国語も話せてすごいなあ…。そう思っている夕方、ランディくんのお母さんに久しぶりに会いました。

「先生、久しぶり。元気？　私、英語を教える資格がとれたよ。大変だった。大学のセミナーにも行き、英検も受け難しかった。でも合格したよ。仕事も家事もだからお父さんにも手伝ってもらった…」
と、とても嬉しそうでした。
「良かったね。がんばったね」
と少し話をし、事務所に戻りました。

　昨年の七夕の朝、ランディくんのお母さんが書いていた言葉を思い出しました。

> Randy wishes to be "Mask Rider Five." He loves it so much.
> We wish Randy to enjoy everything comes to him now.
> Good Health, be a good boy always.

　お父さんとお母さんの心からの愛情がそのまま伝わってくるような、そして自分自身も一生懸命生きていこうとするランディくんのお母さん。お母さんのこと、そしてお母さんを支えるお父さんのこと…　私も一日思っていました。

保育者をどう育てるか

　新しく保育者となった人たちのために、一つひとつの活動や行事など、必要なことを書き出したマニュアルをつくるべきかどうか、話し合いましたが、やはりマニュアルではないのではないかということになりました。
　共通理解・共通認識があってこそ、保育ができるというもの。それでも、それをどこまでマニュアルにできるか。毎年マニュアルに頼っているようでもいけないし…
　保育とは、自分自身が創り出していくものだと思います。

　その場の様子を瞬時に読み取り、あるいは察し、動ける保育者でなかったら、心を汲みとれる保育者でなかったら、どうして子ども達と一緒に遊びを創り出したり見守ったりできる保育者になれるでしょうか…。

解題 —— 保育に想う

　保育者として保育を学ぶのは、何よりも子どもたちの姿を捉え、自分自身で子どもたちとかかわることからではありますが、一方で、先達としてどんな保育者に出会えたかも、大事だと思います。

　"保育の知"は、マニュアルやテキストブックには示すことができないもの。それは、日々をともに過ごし、思いを語り合う中で、最もよく伝えられるのかもしれません。あるいは、倉橋惣三の『育ての心』がそうであるように、詩的な語りを通して、感じ取られるものかもしれません。
　いずれにしても、直接にであれ、書物を通してであれ、語りを通じて保育者その人に出会うことが、大事なのでしょう。どんな知識を得たかよりも、誰とどのように出会えたかの方がよほど大事なのは、子どもたちも私たちも同じです。

　また、"保育の知"には、これで完成だというような、決まりきった内容があるわけではありません。それは、子どもたちと出会う中で、保育者の省察の中で、日々新たにされるものであり、人と人との間に息づいているものだと思います。
　園の中に、保育の知が生きて住まうコミュニティを築くこと — そのことも、保育者の大切な仕事の一つなのでしょう。

　保育の理論や研究が、生きたものとして、子どもたちのための実践と結びつくならば、これまで見てきたような"保育への想い"が、その核心とならねばならないと思います。

（西）

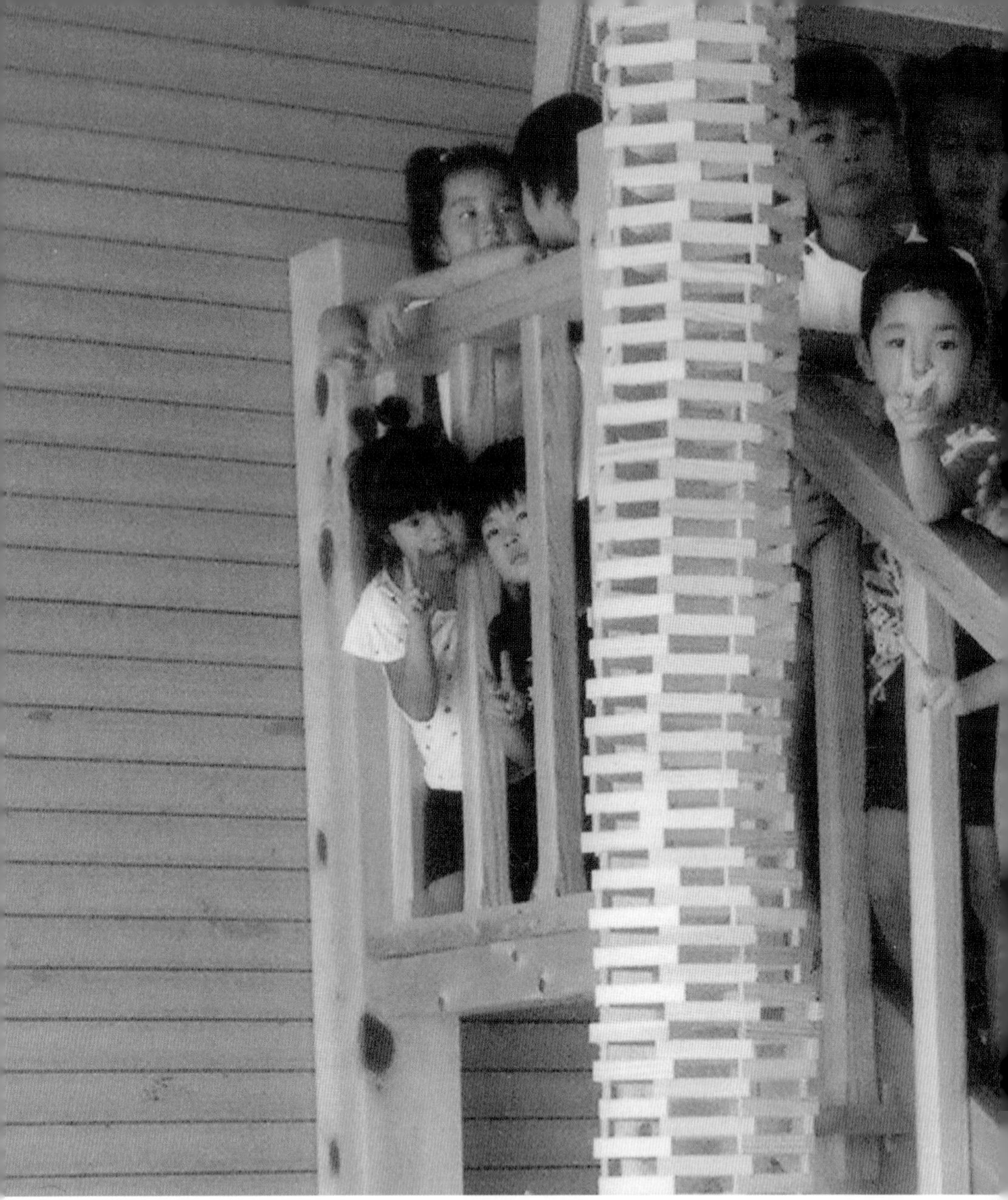

第3章　日々の保育から

楽しかったのは ── みんなといっしょにいられたから。

外国からのお友達

4歳児 ❋ 8月17日

　シャエルちゃんがはじめて保育園に来た日。日本語が話せないシャエルちゃん。ご両親も、ポルトガル語だけです。それでも、クラスの中に入って、少しずつ遊び始めます。ままごとの食器を上手に洗っています。ままごとは万国共通！ですね。

　私がときどきポルトガル語らしきことを話しかけてみるのですが、なかなか通じない様子。隣で見ていた子が、「オブリガード（ありがとう）」を覚えて、繰り返し言います。まあ、あなたの方が良い発音ではありませんか…

　お母さんのお友達が、ポルトガル語がわかるようにと紙に書いてくれていました。

【ポルトガル語】
・オブリガーダ…………（女性の）ありがとう
・エスタベム？…………大丈夫？
・スペーリ………………待って
・スワ　マイ　ビーン……ママくるよ

　日本の食べ物にまだ慣れていないので、お弁当を持ってきてもらうことにしました。
　シャエルちゃんが一日でも早くこの園で心から楽しく遊べ、コミュニケーションがとれますように。それはみんなが思っていることです。子ども達も必死です。

8月18日

　シャエルちゃん、ママ〜と言ってすごく泣きます。担任のかおり先生がいないとどうしようもありません。この環境を受け入れるために、泣くだけ泣きます。それから少しずつ受け入れようとします。そう信じるしかないと思いました。
　何が大変って言っても、泣いている子にわかる言葉がかけられないということ。思いが伝えられないってなかなか大変なことですね。

8月31日

　毎日、日本語が増えます。今日はかくれんぼをしました。
「1、2、3、4、5、6、7、8、9、もういいかい」
「まーだだよ」を、繰り返します。
「ちがいまーす」
「ノウ　NO〜」を連発。
「遊ぼ〜」
と誘ってくれます。これだけ増えました。嬉しい！！

9月1日

　シャエルちゃんが言ったので、総合遊具の一番高いところに行き、二人だけで食事をしました。
　シャエルちゃんは、持ってきたお弁当のパンを食べます。私も給食を食べます。切干大根、焼き魚、お味噌汁…　どれも食べようとしません。梅干しは食べます。

　その後、砂場で遊び、園庭にロベルトくんを描き、
「ロベルトがっこう、ルーカスがっこう」
と言います。その後は、よく知っているジョージくんの隣で横になります…。
　少しずつ心を開いてくれ始めました。私も遊具の上で食事をしたのははじめてです。

9月2日

　朝はマスカットクラスで遊んだそうです。ときどき、事務所にやってきます。お昼は総合遊具の上で…　昨日より少し低い場所。今日は私の給食のお味噌汁の中の豆腐を食べようとしましたが、
「NO！」
と言って食べません。粉吹き芋は食べました。やった、食べられるものがあったね。
「おいしい！」
と言います。梅干しは2個食べていました。すっぱそうに、おいしそうに。表情がとても豊かなことに驚かされます。
「遊ぼう！」と何度も誘ってくれ、後ろから急に
「ワ〜！！」
と言ってびっくりさせることや、高いところから降りられない時は困った顔をすることなど、表現力はとても豊かです。

9月8日

　シャエルちゃんがジオブロックで遊んでいます。私を見つけると喜んでくれます。この日から、給食もお部屋で食べられるようになりました。おやつのメロン、アイスも食べることができました。
　ライオンのまねをして、
「ガオ〜」と言うので
「ガオ〜」と返すと、
「やめてくださ〜い」ですって…。日本語をどんどん覚えます。小さな赤ちゃん達に話すように、一言ずつ言葉を大切に、ゆっくりと話しかけたいと思います。
　ほかのクラスの保育者にも、少しずつ心を開いてきました。本当に一生懸命わかってあげようとしているか、思っているか、そういうことを敏感に察知するに違いありません。そう思うこの頃です。

9月16日

　園庭を手をつないで歩いていました。たなか先生とすれ違う時、
「さよなら」
と言ったような…。え？　今、さよならって言った…。
「これは…」
「ありがとう」
「あとで」
「ちょっとまって」
「NO」
「もういいかい」
「なーだだよ」（と言うのです）
「1、2、3、4、5、6、7、8、9、10」
「バイバーイ」
「おはよう」
「きたいせんせい」
「やめてください」

あと何が言えるかな。もう日本語で普通に話しかけることにしようと思います。わかってもわからなくても、ゆっくりと…ね。

　シャエルちゃんが日本語を獲得するのって、どうしているのでしょう…。
　そんなことを思いながら、1歳児クラスに行くと、ちょうど言葉にならない言葉で一生懸命話そうとしている子ども達。もちろんシャエルちゃんはすでに通ってきた道ではあるけれど、いま新しく日本語を話そうとしている子ども達と、どこか似ているような気もします。
　急にしゃべれるようになるものでもないしなあ。言葉の出方って、一人ひとりにそれぞれ個性があって、おもしろい。周りの人の言葉をたくさん聞いているうちに、さっと出るようになるのかなあ。
　4歳児の子ども達、シャエルちゃんと遊びたがったり、話しかけたがったり…　みんなシャエルちゃんのことを思っているようです。

10月20日

　シャエルちゃん、ごはん、魚のフライ　タルタルソースがけ、ブロッコリー、スープを少し食べます。食事には、ずいぶん慣れてきたようです。
　私たちに話しかけるのは、日本語とジェスチャーで。ポルトガル語は使いません。でも、テーブルに描かれた絵 ── ちょうちょや、お花や、動物を指さして、"ポルトガル語ではこう言うんだよ"というのを、私にも教えてくれるようになりました。
　そして、お兄ちゃんたちが迎えにくると、途端にペラペラ、ポルトガル語で話し始めます。相手が何を理解するのか、よくわかっているんですよね…

12月7日

　11月、ちょうど私が北欧に研修に行っている間に、シャエルちゃんのお家の事情で、ブラジルに帰ることが決まってしまいました。
　今日が、シャエルちゃんとのお別れの日。卒園式を待たずに、突然、子どもとさようならをしなければいけない日でした。私自身、毎日一緒に遊んだシャ

エルちゃんとの別れをどうやって受け止められるかな、と思っていたのですが…　ご両親と一緒に来たシャエルちゃんは、とても幸せそうでした。その笑顔が、心に残りました。
　ブラジルに帰ってもまた、ずっと幸せでありますように。
　一緒に過ごした４か月間、たくさんのことを教えてもらいました。本当にありがとう。

解題 —— 外国からのお友達

　言葉でなくても、通じ合える。
　もちろん、難しい局面もたくさんあるのですが、たとえば赤ちゃんがそうであるように、ともに暮らすという生活の中で、ふれ合って、表情で、気持ちで — 言葉を超えてかかわりあっていく力を、人は生まれながらに持っているのでしょう。

　心をつなぐのは、理屈ではない。
　子どもたちはそのことをよく知っていて、どんな人とも親しくなる力を持っています。その人が真に望みさえすれば…
　園の中で、多くの子どもたちに囲まれて育つこと — そこには、子どもどうし育てあう体験があります。保育者である大人たちも、子どもたちを育てながら、子どもたちの力に教えられ、育てられていきます。

　言葉も食べ物も違う中、園庭の一番高い場所で、二人きりで食べたごはんは、特別な意味を持っていたと思います。
　保育園で暮らすのは数か月かもしれないし、数年かもしれない。いずれにせよ、子どもたちはいつか卒園していきます。それまでの大切な時期に、どんな人がそばにいてくれるか、どのように真剣にかかわってくれたかが、大事なことだと思います。

（西）

連絡簿から

　保護者と保育士が日々子どもの様子を書いて、お互いに理解し合う連絡簿。その中に現れた、子ども達の姿です。

● しんごくん

2歳児 ❋ 7月26日

　あいかわらず、うんちは紙パンツの中でするのが好きなようで、トレパンをはいていても自分で紙パンにはきかえるしんちゃん。いつになったらトイレでうんちができるかなあ〜。

8月28日

　はじめてトイレでうんちが出た。一日中パンツですごしている。マジレンジャーのおかげかしら。マジレンジャー一色。一人芝居をしてくれる。

8月30日

　毎月買っている"こどものとも"という絵本は保育園にもあるんですか？字の読めないしんちゃんがまるで暗記しているかのようにすらすら読むんですヨ！！

9月12日

　日曜日はテレビが選挙ばかり。するとしんちゃんがいきなり
「お母さん、ゆーせーみんえかってこのことなんのこと？」
って聞いてくるんです。親は郵政の話なんて一度もしてないのに、テレビで覚えたのかな〜。ビックリしました。(本当にびっくりです…)

9月14日

　火曜日の夜、職場の人と食事に行ったので、家でお父さんと2人、お留守番だったしんちゃん。少し帰るのが遅くなり、家に帰るとしんちゃんはもう寝ていたのですが、水曜日の夜、
「お母さん、どこ行っとったん？」
「誰と行っとったん？」
「しんちゃんさみしかったんよ」と言われてしまいました。

1月18日

　我が家では、しんちゃんが「お腹痛い」と言うと、
「屁になれ、ポン（うんち）になれ」と言ってお腹をマッサージするのですが、昨日しんちゃんが、
「今日な、わたるくんがお腹痛い言うたけん、しんちゃんが"屁になれ、ポンになれ"してあげたんよ」と自慢そうに教えてくれました。

まみちゃん

0歳児　＊　8月

　レンジが"チン"と鳴っては
「あ」と言って指をさし、携帯が鳴っても、ボンボン時計が鳴っても、
「あっ」と言ってはそちらを指さします。
　鳴っているものが見えなくても同じようにするので、何がどんな音を鳴らすかわかってるんだなあと思います。

　誕生日プレゼントにクマとアンパンマンのぬいぐるみをもらって大喜び。でも一番気に入ったのは、ぬいぐるみに付いているタグだったみたいです。

　MDをコンポに入れようとします。
　何日か前にデジタル体温計を箱から出せるようになった…と思っていたら、

入れて蓋を閉めるようにもなりました。細い穴に体温計の先っぽを入れる時、ものすごく集中していて手がプルプル震えているので笑えます。

　誕生会、たくさんの人にお祝いしてもらって、幸せ者です。アンパンマンと写っている写真がとっても楽しそうで、私まで嬉しくなります。

　育児雑誌に載っている赤ちゃんを指さしては"見て"という感じでこちらを見ます。お友達だと思っているのかな？

　本を開いて両手で持って何やらごにょごにょ言うことが多い。本を読んでいるつもりらしく、ページをめくったり目つきが真剣だったりするので面白いです。今日は出席ノートを読んでいました。

「どーじょ」と言ってお箸をくれたり、お茶を飲んだ後
「どーじょ」と言ってコップを渡したりするので
「どーも」と言っておじぎをしてあげていると、こちらが何かを渡した後、ペコっとするようになりました。

　一人歩きの時、あまりにも満面の笑みなので、前がちゃんと見えているのかとハラハラしますが、見えているようです（笑）。

あきとくん

4歳児　❋　10月3日

　運動会を見て、大きくなったなあと涙ウルウルで感動しました。1年ごとにいろんなことができるようになって嬉しく思います。さっそく家族で運動会のビデオを見ました。久しぶりに、生まれた時、はじめて笑った時、お兄ちゃんになったときのビデオを見て、なつかしい気持ちと、これから先の成長していくあきとを想像しては頼もしく思い…　とても良い時間が持てました。

まきおくん

4歳児 ❀ 9月26日

　お父さんとキャッチボールをしました。投げるのが上手と褒められたのが嬉しかったようで、後から
「まーくん投げるのが上手なんだってぇー」と、ニコニコ顔で母に教えてくれました。こんな一場面を見ると、ちゃんとその子その子を見て、
「ここがいいよ、こんなことが上手にできるね」って褒めていくことが大切だなぁーって改めて感じました。

〔そのとおりです。お父さんもお母さんもすごいですね。〕

ようすけくん

2歳児 ❀ 10月4日

　最近特に自我が出てきて、自分のしたいこと、してほしいことを主張しています。思うようにならないと地団太を踏んで悪タレをついています。良いことなんですけど、大変ですよ…☺

10月6日

　本当に保育園において帰れるのなら、おいて帰りたいよ。家に帰っても悪タレばかりついているし。ストレスたまるよ～。今日は朝から叱ってばかりの一日でした。反省です。フゥ…。

すみれちゃん

2歳児 ❀ 1月5日

　のりづけをしてツリーを飾ります。ひとさし指でのりをちょっと取り、紙につけて…

「この指何の指？」と聞くと、
「しーっの指」と言うので、思わず笑ってしまいました。かわいいことを言ってくれます。

まなとくん

2歳児　＊　1月9日

ムシキングのカードを離しません。

1月12日

家では薬を嫌がるのですが、保育園では嫌がらず飲んでいることにびっくりでした。

1月14日

ことばが増え、楽しいです。

1月20日

　岡山弁でしゃべってくれます。"〜じゃが"をつけてしゃべるのです。"ねむいじゃが""痛いじゃが"など。

1月24日

　大人にとってはガラクタのようなものが大切なんですよね。家ではボールペンのキャップを必ずポッケに入れて、武器にしているんです。

解題 ── 連絡簿から

　子どもがいる家庭では、いくら時間があっても足りないもの。そんな限られた時間の中で書き留められた連絡簿の言葉からは、子どものこと、家庭のこと、その想いや個性が、よく伝わってきます。
　それに応えて、保育者が連絡簿に返す言葉もまた、同じように多くのことを伝えているのでしょう。子どもを見つめる、その人のまなざしを…
　登園、降園をはじめ、日々の限られた時間の中での出会いが、互いにその子を大切にする思いを介して、保育者と家庭との関係を築いていきます。

　日々の何気ないエピソードが、いたずらに言葉を費やすことなく綴られている連絡簿。言葉の数は少なくとも、そこには保護者の、保育者の、その子に対する想いが込められています。
　子どもの姿を描くとき、そこにはその子のことばかりでなく、書き手の想い、姿勢、人となりといったものも、同時に描き出されるものです。

　何気なく交わしあう言葉、一瞬に垣間見える表情、無心に楽しんだかけがえないひと時…　出会いの片鱗をつなぎあわせて、私たちは子どもを、その人を、理解していきます。そこには、どんな詳細なデータや記録もかなうことのない、価値があります。
　想いを込めて見つめていれば、どんな小さなことも、かけがえのない思い出になる ─ また、そうして見守られる中にこそ、その子らしい姿が現れるのだと思います。

　　　　　　　　　　　　　　　　　　　　　　　　　　　　　　　（西）

───▶ 行事を通して ◀───

● 梨づくり

　中山保育園では、玉島の梨園に協力していただいて、梨づくりを体験させていただいています（子ども達が参加するのは、梨のお花見と、収穫の時です。あとの作業は保育士が交替でしています）。

4月13日

　今日は撤花の作業をしました。大きな実がなるように、多すぎる徒花を摘む作業です。
　梨づくりの過程には、摘蕾、摘花、交配、摘果、小袋かけ、大袋かけなど、いろいろな作業があります。交配は、一生懸命花粉をつけてみても、時が来て実がなるまで、果たしてうまくできたのかどうかわからないところがあって、いつも難しいなと思います。摘果・小袋かけには"やった"という達成感があるので、だから好きなのかな…などと、さき先生と話しました。

4月30日

　午後から梨園の摘果に行きました。摘花、交配、の後の作業ですが、交配がうまくできていないところには梨の実はついていません。どこも十分に交配したつもりなのに…　実が一つもついていないところに後悔が残ります。
　「梨の木は、交配がまだですよ、とは言わないからなあ…」と、梨園のなんばさん。
　黙っているものにこちらの配慮が必要ということなら、保育の中にも重なり合うところがあります。やりすぎも困るがていねいに時を逃さず、といったところでしょうか…。

梨を育てる経験をさせていただく中で、学ぶことや思うことは限りなくあるように思います。

5月14日

梨園で小袋かけをしました。20世紀のすぐ隣の新高の木に、袋をなんと1,000もかけました。昨年は650ぐらいだったのに…。大きくなったなあ。1年でこんなに成長したんだ…と、感心しました。

大きくなっていく木と、成長した木と、実のつけ方も少しずつ違ったりして木にもいろいろあるし、1年ごとに変わる、違うということを、今年は感じました。実が大きくなったときのことを考えながら、うまく間引くのは本当に難しい。風で落ちるかもしれないしなあ…。

3・4・5歳児 ❁ 10月19日

梨狩りが終わりました。メロン、チェリー、マスカット（3、4、5歳児）の子ども達は、青空の下、喜んで梨狩りをして食べました。3本の梨の木の下で、梨の木に影をつくってもらいながら…。

今年は天候の具合からか、夏の終わりから梨が落ち始め、今日の梨狩りまでに、3度落ちた梨の処理をしました（何百個も捨てなければならなかったのです…）。
　今日の収穫は約1,000個。3本の木に2,000個近く袋をかけたのになあ。毎年、台風の影響を受けたり、雨で少なかったり、また、スムーズに収穫できたりとさまざまで、大自然の前には、なすすべもなくその影響力を思い知ったりするわけです。
「また、来年まで、さよならだね…」
と言いながら、梨の木にふれました。来なくても、いつも思ってるよ…。（本当は春まで、いろいろな作業があるのですが、それは、梨園のなんばさんがしてくださっているのです…。）
　子ども達は、一つずつ梨をおみやげに持って帰りました。
♪　な〜しがり〜、な〜しがり〜、なしがり、なしがり、な〜しがり〜♪
と、歌いながら帰っている子もいました。嬉しかったし、楽しかったのでしょうね。家族でどのように食べるのかな…？

● 親子遠足

5月24日

　一年に一度の親子遠足。子ども達はみんな楽しみにしていました。お父さん、お母さん、おじいちゃん、おばあちゃん、お友達、先生達、と一緒にバスに乗っていくのですから…。お弁当もおいしそうでした。
　すみれちゃんのおかあさんが帰りのバスの中で子どものことについて話してくれました。2人いるので、右ひざ、左ひざで取り合いをするとのこと。
「こんなにも私を必要とされるのははじめてです」
「えー、ご主人がいるでしょ」
「主人なんか…」
　この、なんかは何でしょう…（笑）。子どもが必要とするのとは比べ物にならないということかな。それにしても、良いお話が聞けました。

大原美術館にて

　倉敷の大原美術館では、子どもたちが芸術にふれるプログラムがおこなわれていて、中山保育園も参加しています。

― 絵 画 鑑 賞 ―

5歳児　❉　4月24日

　大原美術館にはじめて行く日のことです。マスカットクラスへ行ってみると事前の打ち合わせでいただいたパンフレットを切り貼りして、クラスの壁に貼り、子ども達が美術館に興味が持てるように心配りがしてありました。

　大原美術館に着くと、学芸員の方は優しい笑顔でようこそと迎えてくださいました。あいさつをした後、子どもたちは学芸員さんから、鑑賞する時のマナーについて教わりました。壁の形に興味を示す子ども達に、壁も作品であり、つくった人も喜んでいる…と受け止めてくださいました。

　グレコの部屋、ピカソの部屋など、いろんな作品を見て歩きました。ピカソの絵は特に人気がありましたが、
「どの絵が好き…？」と言う問いかけに、
「全部…」と言った子もいたぐらいです。
　グループに分かれて、絵をよく見ることにしました。
「何が描かれてある？」
「桃はいくつ？」
「どんな色が多い？」
「電気はついているかな？」
　いろいろな問いかけに、子ども達はすぐに答えます。そうすると、その絵が今までよりもぐっと近づく感じがしました。

―美術館探検―

5歳児　❋　6月28日

　探検をするということで、子ども達は双眼鏡や時計、懐中電灯などを前もってつくり、期待を持ってより楽しく参加することができたのではないかと思います。工芸館の方は裸足で歩き、木・石の床などにふれ、一光之尊仏立像の前で神様にお願いしようと手を合わせる姿も見られました。一部床が木になっているところは、自然に音を出して歩いてみたり…と、それぞれ部屋のもつ雰囲気や物の実態を素早く感知し、行動に表しているように思えました。絵を運び込む場所や機械室にも入らせてもらい、興味を持って見ることができました。展示室では空気清浄の通風孔を、トイレットペーパーがはためく様子で説明して下さり、子ども達も関心を持っていました。モネの庭の睡蓮が株分けされて咲いている池にも、興味を示していました。睡蓮の花、葉っぱ、めだか、水…子ども達にはとても魅力的に映ったのでしょう。

　帰園後、自分達で育てた野菜の絵や、今日見た睡蓮の池の様子を絵に表現しながら、
「先生、この絵達、大原美術館に飾ってもらえるかな」
と、目をキラキラさせながら思わず出た言葉に、今日の美術館のことや絵のことが心に残っているのだなあ…と、改めて感動させられました。

―模写―

5歳児　❋　12月2日

　大原美術館の4回目は、「受胎告知」のある部屋で模写を体験しました。難しい絵だなぁ。子ども達は描くだろうか…。
「自分の好きな絵の前に座って待っていてください。描くセットを渡しますから…」
と言う学芸員さんの声に、子ども達はそれぞれに自分の好きな絵の前に座りました。

モネの「睡蓮」は人気です。5〜6人の女の子がそれぞれに違うイメージで絵を描き上げました。さえちゃんは、
「まだ完成じゃないよ。完成の時は赤とピンクを使うの…。だって絵を見て、そうでしょ」と言います。う〜ん、なるほど。
　のどかちゃんはカエルや空の雪なども描いていました。彼女はそこまでイメージを膨らませたのでしょう。
　ゆらちゃんは、
「う〜ん、ぎゅぎゅぎゅ、ぎ〜、ぎ〜」と言いながら緑、黄緑のクレヨンを次々と手に持ち替えて、画用紙を埋めていき、
「できた」と言った次に、赤、ピンクを使い、最後に白いクレヨンで全体をシャーッと塗ったのでした。
　モネの絵の感じをよく捉えているなあ、と思いました。
　難しそう、というのは大人の感覚で、子どもはやはり独特に絵を見、自分の感覚で捉えていることを感じました。
　まどかちゃんは、キャンパスの右下から描き始めて、最後にはものすごくバランスの取れた絵になっていました。

モネも喜んでいたでしょう。子どもたちがこんなにもやわらかな心で感じ、それぞれの感性で一枚の絵を描き上げたことを…。本当に空の上から見てくれていたに違いない、と私は思いました。

なんとも久しぶりの大原美術館での活動に、感動しました。まるで画家の心が乗り移ったかのように楽しんで描いていました。美術館に訪れてすぐに学芸員さんがキャンパス、絵の具などの紹介をして下さった時、
「バターナイフのようなものでこうやって塗ったりするよ」と、キャンパスにシャッシャッとふれると、
「本当に食パンみたいだ…」と、子ども達。
「バターとジャムをいっしょに食べるとおいしいよ」と言うすずかちゃん。そうだね。
　この日の３時のおやつがたまたまパンバイキングで、パンにマーガリンとジャムが出ました。すごいー、おやつにパンとマーガリンとジャムが出るなんて！
　こういう偶然って、なんとも言えず幸せな気持ちを呼びますよね。給食の先生、ありがとう。たまたまだけど（笑）。

ーアルプスの真昼ー

1月19日

　セガンティーニの、「アルプスの真昼」を見てみようと、絵の前にみんな集まりました。羊かな？ "メェ、メェ〜メェ〜"と、ずーっと効果音を出してくれていた、あきとくん。
「羊だけど、ブタもいるね」
「え、ブタ？　どこに？」
　みんなで一斉に目を皿のようにして見ました。一番手前の羊のお腹の下から顔を出しているのがブタだそうです。う〜ん、たしかに、少しそう見えるかも。
「餌を食べたのかな」
「一人ぼっちはさびしいよ」

「後の羊たちは意地悪で、みんな向うを向いている…」
　う〜ん、いろいろ考えているんだね。子ども達の頭のやわらかさ、心のやわらかさ。いいなあ…。

参観日

―お父さんのまなざし―

6月20日

　今日はお父さんの参観も目立ちました。両親で見に来られます。わが子がどのように遊んでいるか。友達とどのようにかかわっているか。先生にどのように声をかけてもらっているか…。
　保育者は常に子ども達の様子を把握し、見守り、そばに行っては必要な言葉をかけ、次に発展する何かを見つけてあげることが大事です。参観日だからではないけれど、保育者は大勢の人の目に映るのです。わが子への対応だけでなく、ほかの子への対応もまた、よく見ているのです…。
　ビデオで撮る人は少ないように思いました。自分の記憶にとどめておこうと思ったのでしょうか…。お父さんのまなざしは広く深いなあ…と、見ていて思いました。

―おかあさ〜ん―

2歳児　✽　6月20日

　バナナクラスの給食。ランチルームで食事中、みつきちゃんが泣いている。「みつきちゃんどうしたのかな？」と訊いてみると、斜め前にいたやっくんが「おかあさんがいいんだって…」と言い、
「そう、おかあさんがいいのね」と返すと、後ろのドアの方を向いて、
「おかあさ〜ん」と叫んだのでした。
　すると、みつきちゃんは泣くのをやめたのです。やっくん達はよくわかっているんですね。それから、大声で叫んであげたこと、代弁してもらい心が少し

落ち着いた、みつきちゃんが泣きやんだこと… 2歳児の6月の参観日は、いつも一緒に食事をしている子ども達の心がつながっていることを感じました。

🌸 園まつり

7月23日

　子ども達が保護者や地域の方達とのかかわりを持って、夏のひと時を楽しむ行事です。

　ゆかたを着てくる子、髪をきれいにしてもらっている子など、とても華やかです。盆踊り、夜店などを楽しんでいます。毎年来てくださるおじいちゃん、おばあちゃん。どんどん成長する卒園児達…。

　家族で、そして地域の人達が、集まり、さまざまに楽しみます。くじ引き、花火… 夜店に宝石のようにちりばめられた一瞬の花火の美しさに魅せられているうちに、夏祭りが終わりを迎えます。

　本当に「夏の夜の一瞬を楽しむ」…です。このひと時が子ども達の、大人の、それから地域の人々の心に残ることでしょう…。今年も一つの夏の思い出が刻

まれました。

● **お泊り保育**

5歳児 ❀ 7月28・29日

　5歳児のお泊り保育は。十数年ぶりの保育園でのお泊り保育です。5歳児の子ども達はカレー作り、キャンプファイヤー、肝試しなどを経験し、保育園でお友達や先生方と過ごし、一晩保育園に泊ります。予定を簡単な流れしか書いていないにもかかわらず、保育士さんたちがよく準備し、力を合わせてマスカットクラスの子ども達のために動いてくれていました。

　飯合は、4合炊き。中ブタをはずして、20～30分くらいで炊くこと。はじめちょろちょろ、なかぱっぱ。ひっくり返して蒸すこと。みんな覚えておいてね〜。

　夕方のキャンプファイヤーでは
　　♪　遠き山に日は落ちて〜
　　　　燃えろよ燃えろよ　炎よ燃えろ〜
の唄が始まり点火します、キャンプファイヤーの燃え盛る炎は、子ども達の心に残ったことでしょう。

　"木の中のリス"というゲームをみんなでしました。リスが替わるとき、みんな走り回っていました。大きく、いつまでも走って、みんな楽しそうでした。

　それにしても、肝試しはすごかったのです。1年目と2年目の先生たち、人を怖がらせる時って力が出るものですね。びっくりしたあ…。それよりも、担当のかおり先生の怖がりようも驚きました。ひっくり返って起き上がらないので、子どもよりも、
「かおり先生、大丈夫？」
って言ってしまいました。いつも一生懸命のかおり先生です。私も子どもと手

をつないでいたり、半分抱いて一緒に行きました。子どもの怖がる気持ちが手から伝わってきました。

お泊り保育はもう当分いいそうです…（笑）。

● OB会

―キャンプ―
小学1年生〜6年生　❀　8月24・25日

OBキャンプで弥高山に行きました。1年生から6年生まで65名の小学生が参加しました。OB会の活動を通して卒園してから6年間の成長ぶりも見ることができます。

個性派ぞろいだった年の子も、今年は3年生。輪をかけてわんぱくに、たくましくなっていました。すきあらば、興味のあることはなんでもやってみたいと思っているし、先生たちのこともよく見ています。この先生たちは、どこまで許してくれ、どこからダメと言うか、自分の思いをどう受け止めてくれているか…を。小学校3、4年生の頃は、またひとつの大事な時なのでしょうね。

キャンプに持っていく物も、今年はみんな張り切りました。体育館に降ろすもの、キャンプファイヤーのとき使うもの、各部屋に使うものを、色画用紙で印をつけていました。ゲームは縦割りでチームが組めるように、赤、緑、黄、ピンク、青の5色を準備していました。点数をめくって見せられるスコアボードも、ダンボールを工夫してつくっています。

ゲームの中の一つ、○×クイズは内容がさまざまで、
❀ 保育園の総合遊具に描かれてある花はチューリップである。
❀ インコは5羽である。
❀ 上り棒は5本である。など…。
えっ、なんだったけかなあ…　毎日見たり使ったりしていてもよーく見てい

ないことも多いことに気づかされます。
　わかりやすく提示すること。整理すること。分別しておくこと。さまざまな遊びの要素を含んでいることで、みんなが協力して楽しめるようになるのだと思います。

　キャンプファイヤーでは簡単なフォークダンスをみんなでしました。"ハイタッチ"というところを"ワンタッチ"とすぐに変えて歌っています。女子と踊りたがらない男子数名。恥ずかしいんですって、3年生なのに。3年生だからか…（笑）。

―おもちつき―
小学1年生〜6年生　❀　12月15日

　年に4回、卒園児との交流があります。園祭り、夏のキャンプ、運動会、おもちつき…。1年生から6年生まで70名近い子ども達がOB会に入っています。6年生の女の子達は4人で一緒に参加用紙を持って来てくれました。夏から4か月経ちましたが、みんな、よりいっそうおしゃべりになり、事務所は賑やかな会話が飛び交っていました。
　くるみちゃんが園長先生に言いました。
「中山保育園って本当にお金持ちよな。サンタさんのイルミネーションもあるし、お部屋もきれいだし、くるみ達がいた頃よりまたずっときれいになってる…。どこの保育園見ても、中山保育園が一番素敵だと思うよ。本当に、お世辞抜きで、くるみは中山保育園で良かったと思うよ」
「お世辞抜きって、お世辞で言われたらおしまいだ〜」と園長先生。
「勉強して保育士になって中山保育園に来てくれたらいいが…」と返すと、
「えー、保育士にはならないけど、子どもが生まれたら中山保育園に入れたいと思う」
　泣けるではありませんか…。わが子を預けたいと思ってくれているなんて。しかも6年生にして。園長先生に、
「良かったですね」と小声で言い、2人で少し笑いました。

今、中山保育園は30周年を間近にし、卒園児の子ども達が何人も来るようになっています。こうして世代がだんだん代わっていくのですよね。そして卒園した子ども達がときどき中山保育園に遊びに来ては、幼い頃のことをなつかしがり、今の保育園を見て羨ましがり、ここで過ごせたことを幸せだったと思ってくれている。保育士としてはこの上ない喜びを味わうこととなるのです…。子どもの心を大切に日々たゆまぬ努力と愛情を注いで来られた園長先生は、とても嬉しそうにしておられました。

　育て、育てられる営みが、この街で、この中山保育園でも繰り返されていくのですよね。今日改めて実感しました。

● 運動会

―表現遊び―

4・5歳児　✿　9月29日

　運動会まであと二日となり、最後の練習の日でした。マスカットクラス（5歳児）のリズム表現は動きもかわいくリズム感があって、子ども達も大好きなようです。マスカットクラスの子ども達だけでなく、ほかの年齢の子ども達も、大変興味があるようで、総合遊具の上で、築山の上で、テラスで、振り向けばみんな踊っているではありませんか。すごいことですね。

　チェリークラス（4歳児）の表現は、「となりのトトロ」から展開させていったようです。20曲の中から選んだ曲。それぞれの場面の中で、遊び、踊り、みんなで表現していました（ボール、平均台フープ、自転車なども用いて）。そして最後は大好きなトトロの登場です。みんなでトトロを囲んでリズム表現をしていました。もちろん、トトロは子ども達の制作物です。表現の中に、本当にいろいろな活動が含まれていますよね。

　「となりのトトロ」は、名作ですよね。昔の家、蝉の声、近所の人達との関係、なつかしさの中にトトロという夢、夢だけど夢じゃなかった、子どもにだけ見

える、姉妹の愛、親の子を思う気持ち、子の親を思う気持ち、お父さんの言葉… 歌もいいよね。本当に。

　　　　　　　　　　―跳び箱―
　　　　　　　　　　　　　　　　　5歳児　❈　9月29日
　今日も跳び箱への挑戦をしています。まどかちゃん、ななこちゃんが跳べるようになりました。最初に跳べた瞬間よりも、2、3回跳んだ時の方が、実感がわくらしいのです。とても喜んでいました。じゅんこ先生も、
「子どもってすごいですよね」
と感動。お昼過ぎに、ゆらちゃんが突然、
「跳び箱したいなあ…」と言った言葉に、じゅんこ先生はびっくりしていました。
「ゆらちゃんからそんな言葉が出るなんて…」
　そう、2日前までは、
「何回跳んだら遊べる？」などと訊いていたのに…。昨日跳べるようになってから、人が変わったようになっていました。

　　　　　　　　　　―リレー①―
　　　　　　　　　　　　　　　　　4・5歳児　❈　9月14日
　4・5歳児が運動会に向けてリレーをしています。トラックの直線のところで応援していると、子ども達が一生懸命走る気持ちが、すぐそばで伝わってきます。アンカーのこうたくん。ほぼ1周あいてのスタート。くやしい気持ちを噛み締めながら一生懸命走ります。ゴールのところに担任のかおり先生が待っていて、かおり先生にゴール。こうたくんは泣いていました。かおり先生は、優しく抱きとめ、
「よくがんばったね」
と何度も言いました。そのままリレーを終え、4歳・5歳それぞれの活動に移ったとき、かおり先生は、もう1度、マスカットクラス（5歳児）を集めて言ったのです。
「みんな、見てた？　こうちゃん、最後までがんばって走ったよね。先生、感

動した。みんなで拍手しよう」
　マスカットクラスの子ども達みんなが拍手。子ども達もこうちゃんも黙っていましたが、その拍手の中に、
「よくがんばったね」
と認め合ったり、くやしさがだんだん治まっていくこうちゃんの気持ちが入っていたように思いました。

　　　　　　　― リレー② ―
　　　　　　　　　　　　　5歳児　❀　9月20日
　こうへいくんは、負けるもんか魂の塊のようです。最後はすごい接戦になり足がもつれそうになりながら、ダイビング！ してゴールしていました。なんという気迫。気持ちの方が前に出る。身体より…。この子達にこんなに闘志がみなぎるなんて、2年前に誰が想像していたでしょう。子どもってすごいね。

　お昼にコスモスを裏の畑から摘んで、マスカットクラスに活けてあげました。数人の子ども達がすぐに気が付き、
「あ、コスモス、かわいい～」
と言ったり、花びらにチュッと優しくしてあげたりしていました。子ども達のがんばりで緊迫した気持ちがなごみますように…。そんな想いでいっぱいでした。担任の先生たちも気づいたらしく、なんだか室内全体が何となくほっとしたなあって感じです。

　この一か月間、マスカットクラスさん、本当によくがんばりましたね。先生たちも必死でした。どの競技も演技も真剣に取り組む姿と、子ども達が日々変わっていく姿に感動しました。衣装にも工夫を凝らし、二人でくっつくとハートの形に見えるTシャツを何度も何度も縫いなおした先生たち、すごいね。保育者の思いは子どもに伝わりますね。子どもがここまでできる、と信じること。その目標に向かって精一杯の力を出し切れるように、年齢や発達を考慮し、一人ひとりの子どもを見守り、援助すること、行事の中で大切なことかも

しれません…。

――明日は運動会――

5歳児 ✤ 9月27日

　いよいよ明日が運動会です。つよしくんとりょうたくんは、最後の跳び箱の練習をしました。
「がんばったら跳べるよ」
と励まし、子ども達も今日しか練習ができないことを知っているので、また必死で跳んでいました。そして、二人とも跳べるようになったのです。明日は5段を跳ぶそうです。この子ども達のがんばりには頭が下がります。でも今日、跳び箱を出してあげられて良かったです。夕方はどんな気持ちで過ごすのかな。みんないろいろな思いを胸に明日を迎えるのでしょう。明日は出来るだけ、一人ひとりの子ども達の心を受け止め、精一杯がんばれるように、見てるからねって伝えよう。
　5歳児にとって、保育園では最後の運動会。さて、明日はどんなドラマが生まれるか…楽しみです。

――運動会の日――

10月1日

　朝から雨がポツリ。あー、今日できますように。昨日から準備して、子ども達も楽しみにしているのですから…。祈りながら、競技を進めました。0歳児、1歳児、2歳児の遊び。3歳児のかけっこ。5歳児、障害物競争、必死。演技、パラバルーン。リズム、キンダーポルカ（4、5歳児）。リレー3チーム対抗。3位はバンザイをしようとしません（よくわかってるなあ）。鼓笛隊がすむと雨が少しずつ降り、リレーのときはかなり降ってきました。最後のトロフィー授与は5歳児にまとめて渡そうか、と園長先生が提案されたのですが、担任は、雨が降っても一人ずつに渡してあげて欲しいと強く希望しました。子ども達は、みんな誇らしげでした。

―運動会を終えて①―

10月2日

　果たして、昨日の運動会は天候に恵まれ、大勢のお客様に見守られ、良い運動会だったなあと思いました。マスカットクラスの子ども達もみんな輝いていました。保護者の方達も感動していました。
　年長児の親子競技、たる転がしは、みんなとても楽しそうで嬉しそうでした。きっと、記憶の中にずっと残ることでしょう。

　私も保育園の運動会でお父さんと一緒にした競技のことを覚えています。紐がついた小さなかごをお父さんが引っ張ってくれ、かごからボールが出たら私がかごの中に入れる…という競争だったのですが、私は嬉しくてお父さんばっかり見て、ボールがかごから出てもすぐに入れることができず、なかなか進めないと言って笑うお父さんの顔をまた見て私もにこにこしていました。なつか

しい…

　　　　　　　― 運動会を終えて ② ―
　障害物競走。平均台、前回り、跳び箱と、いろんなものがある中、一つひとつをていねいにきちんとした上で、競争…ということになると、子どもが体得できるようになるまで、生活や遊びの中で浸透させなければ…。ある日、急に何かができたり、跳べるようになったわけではないのです。それまでの過程を見たり、感じたりすることがとても大切だと思います。跳び箱を跳ぶということ一つをとっても、走っていって踏み切る。手を使って跳び越える。着地する。空中での動作なので難しいのです。

　ゆらちゃんの言葉が心に残ります。
「ゆらちゃん、旗とかバルーンはあんなに上手じゃない？　跳び箱もがんばろうよ」
「旗やバルーンは簡単だよ。跳び箱は難しい」
「だからがんばって、何度も跳んでみるんでしょ」
　それから何回かした時、跳べるようになったゆらちゃんは給食の後、
「今日は跳び箱がしたいなぁ」と言ったのです。

　今日は久しぶりに園庭に子ども達の遊ぶ声が響いていたように思います。運動会を終えた充実感、満足感、解放感。保育者の一生懸命と、子ども達の一生懸命が溶けていった、運動会の翌日でした。

おまつりごっこでお買い物

10月31日

　5歳児が、100円でお買い物。
　昨年までは自分のものしか買わなかった子ども達。今年はお母さんや弟、妹にも買っていたんですって。お母さんが感動したそうです。4歳児の中にもそ

ういう子が数名いたらしいです。

● イモ掘り

―どこ掘る？―

11月2日

　3歳児は
「先生、どこ掘ったらいいん」
「どこ掘るん」
「掘ってみて～」
　土の中にあるということが、イメージできないようです。少しのぞかせてあげると、芋をめがけてスコップをあてます。4歳、5歳は少しずつ違うでしょう。そこで保育者の援助や言葉かけが出てくるわけです。

―秋空の下―

11月8日

　芋のつると葉っぱが去年と全然違います。少し小さくて、茎の部分はほとんど無い状態でした。子ども達が掘りやすいように前もって葉っぱとつるを少し切っておくのは、良い考えでした。
　子ども達は芋を掘り始めると必死でした。秋の空に100人近い子ども達の歓声が響いています。良い声だなあ…。掘れた時はとても嬉しそうでした。

　5歳児のれいじくんは、少し控え目に見ていたり、少し掘ってみようかなぁ…という感じだったので、芋のありそうなところを何カ所か知らせ、掘ること、つるを引っ張ってみることを繰り返し、一緒にしたり、自分でできた時は「わあー、大きいのが掘れたね」と一緒に喜んだりしていました。
　何度も繰り返し、だんだん大きい芋が掘れ、最後は自分の力で茎を少し引っ張り、スコップを入れたり、手で掘ったりしながら大きいのを掘ることができました。嬉しそうでした。

「れいじくんすごいね、帰ってお父さんにお話してね！」
と言うと、また嬉しそうに笑っていました。

　４歳児のるいくんは、
「ビニール袋を守っておいて」と言います。こうもりが入っているのだと言うのです。
「え？　こうもり？」と中を見ると、コオロギが…。
「るいくん、コオロギでしょ…」と言うと、
「逃げるよ」という返事が…。
　袋を縛って、
「じゃあここへ置いとくから」
と言うと、芋を掘ってはときどきその袋を見にいっていました。
　虫にも興味があるからなぁ…。

● 誕生会

　保育園では毎月、その月に誕生日を迎える子どもたちの誕生会をしています。みんながホールに集まって、誕生児たちが前に出て歌ったり、みんながおめでとうを言ってあげたり…　保育園中でお祝いをします。子どもたちにとっても、特別な日です。

　　　　　　　　　　　　　―夏の誕生会―
　　　　　　　　　　　　　　　　　　　　　　　　7月19日
　担当の先生たちが考えて、フープを使って大きいシャボン玉をつくって見せてくれました。直径70センチ、長さ１メートルくらいの、ものすごく大きなシャボン玉に子どもたちの歓声が上がる、感動的な場面でした。
　次に色水作り。ペットボトルに水を入れ、振って見せると黄色になる…。どうしていると思いますか？　ペットボトルのふたの裏にチューブの絵具をつけて

いたんですって。考えましたねえ。黄色の色水に赤を混ぜると、オレンジ色に。
「あー、野菜ジュース！！」
この声に、みんな大笑いしました。黄色と青で緑に…。
「めろんジュースだね」
子ども達もいろいろと考えていました。

水鉄砲、色水遊び、シャボン玉、金魚すくい…。夏の遊びってたくさんありますね。

―何歳ですか？―

12月22日

「よこやま けいとです」
2歳でこんなにしっかり言えるようになりました。
「何歳ですか？」
「よこやま けいとです」
もう一度マイクを向けても、"よこやま けいとです"。これにはみんな爆笑でした。
休んでいるお友達にも歌ってあげよう、ということで大きな声で歌いました。みんな一生懸命でした。

ホットケーキ作り

5歳児 ❋ 2月1日

マスカットクラスでホットケーキ作りをしました。みんなワクワク楽しそうです。卵を2コ割り、みんなでかき混ぜました。トントン、カチャ、ボワーン、きゃあ〜。上手だね。ホットケーキミックスを入れ、牛乳240ccを入れ、卵を入れ混ぜます。みんなで混ぜてね。ホットプレートに一人ずつ溶いたものを流して丸をつくりました。みんな真剣でした。ふたを閉め、しばらくして開けると、う〜ん、良い匂い。

「あー、真っ黒焦げ」「きゃあ〜」「もう一度」
「上手に焼けたね」「美味しい」
　幸せそうな顔…。

　大きい丸いケーキを焼いた時、まいこちゃんとかつとくんが、ひっくりかえす人に。そのときちょっとバランスがくずれ、まいこちゃんの側がぐにゃっと折り曲がってしまいました。あ〜あ。みんなそう思い、いつまでも言う人もいました。私がすぐに直したのですが、うまくひっくり返りませんでした。友達に"あ〜あ"と言われたことで胸がいっぱいになって、まいこちゃんは泣いてしまいました。大人がしないと子どもには無理…なことは最初からしてあげれば良かったのかなぁ。そう思っていると、なんと隣のグループのまさきくんが、
「失敗は成功のもと！！」
と叫んでくれました。

発表会

　　　　　　　　― あ と 一 週 間 ―
　　　　　　　　　　　　　　　　　　5歳児　❉　12月8日
　発表会まであと一週間。年長組のかおり先生は朝から必死です。まなかちゃんに、
「先生、保育園楽しい？」
と聞かれたそうです。"あ〜、そんなに楽しくなさそうな顔をしていたのか"と反省し、午後は外で子どもとドッジボールを思い切り楽しんでいました。それにしてもまなかちゃん、すごいね。

　　　　　　　　― か さ じ ぞ う ―
　　　　　　　　　　　　　　　　　　4歳児　❉　12月8日
　チェリークラスは、日本昔話の劇遊びをしました。
　かさじぞうのおじいさん役を、たかとくんがしました。腰を少し曲げ、

「かーさ、かーさ、いらんかね〜♪」
と言って歩きます。何と上手なんでしょう…。お地蔵さんにかさをかけてあげる時も、頭の雪をていねいに振り払ってかぶせてあげていました。優しいね。涙が出そうになりました…。

―絵本の世界で遊ぶ―

3歳児　❁　12月13日

　発表会まで、あと3日です。メロンクラスの子ども達は、発表会の劇遊びをとても楽しみにしているようです。

　今日は自由遊びの時間、園庭の総合遊具やロープのつり橋で、『3びきのやぎのがらがらどん』のごっこ遊びが始まっていました。トロルが出てきたスリルを味わっていたのかもしれません。つり橋が本当に揺れるのを、楽しんでいたのかもしれません。子ども達のイメージは、そのときどきによって、いろいろに広がっていきます。

　3歳児の子ども達にとっては、劇遊びというよりも、それぞれになりきって、"絵本の世界で遊ぶ"という方がふさわしい気がします。「先生、トロルに

なるからね」と声をかければ、3歳の子ども達はすぐに、やぎになった気持ちになって、そこから遊びが始まります。

　だからといって、いつも同じことの繰り返しでは、楽しくないし飽きてしまう。保育者は、子ども達が自分でがらがらどんやトロルになった気持ちで自然に登場できるように、少しずつ言葉でストーリーを伝えてみる。橋を渡る工夫、大道具・小道具の工夫、身に着けるものの工夫なども…　楽しみや驚きがあり、思わずやってみたくなるような環境が、大切なのですよね。

　子どもからたくさんの思いや言葉を引き出しながらも、劇遊びに向けて少しずつ、遊びがスムーズに展開していく大まかな言葉のやり取りは、決めていくことも必要ですね。
　一方で、保育者が誘導しすぎると、子どもからの言葉が出てこない…。
　"絵本の世界で遊ぶ"とはどういうことか。また新たに考えなければなりません。

　練習通りにするのではなくて、発表会の時間そのものが、新たな体験になること。
　子ども達にその日、そのときをどのように遊んでもらうかを常に考えていくことが大切だと思います。

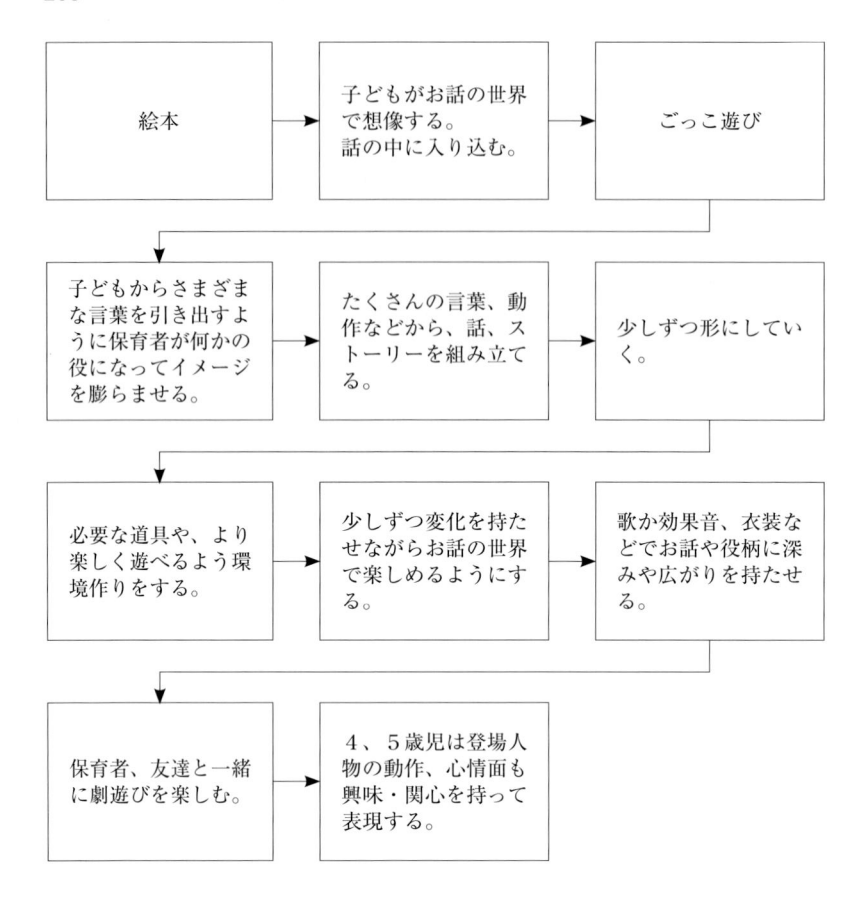

```
┌─────────┐      ┌──────────────┐      ┌─────────┐
│         │      │子どもがお話の世界│      │         │
│  絵本   │─────▶│で想像する。    │─────▶│ごっこ遊び│
│         │      │話の中に入り込む。│      │         │
└─────────┘      └──────────────┘      └────┬────┘
                                             │
     ┌───────────────────────────────────────┘
     ▼
┌──────────────┐  ┌──────────────┐  ┌──────────────┐
│子どもからさまざま│  │たくさんの言葉、動│  │              │
│な言葉を引き出すよ│  │作などから、話、ス│  │少しずつ形にしてい│
│うに保育者が何かの│─▶│トーリーを組み立て│─▶│く。          │
│役になってイメージ│  │る。          │  │              │
│を膨らませる。  │  │              │  │              │
└──────────────┘  └──────────────┘  └──────┬───────┘
                                            │
     ┌──────────────────────────────────────┘
     ▼
┌──────────────┐  ┌──────────────┐  ┌──────────────┐
│必要な道具や、より│  │少しずつ変化を持た│  │歌か効果音、衣装な│
│楽しく遊べるよう環│─▶│せながらお話の世界│─▶│どでお話や役柄に深│
│境作りをする。  │  │で楽しめるようにす│  │みや広がりを持たせ│
│              │  │る。          │  │る。          │
└──────┬───────┘  └──────────────┘  └──────────────┘
       │
       ▼
┌──────────────┐  ┌──────────────┐
│保育者、友達と一緒│  │4、5歳児は登場人│
│に劇遊びを楽しむ。│─▶│物の動作、心情面も│
│              │  │興味・関心を持って│
│              │  │表現する。      │
└──────────────┘  └──────────────┘
```

節分

―園長先生がさらわれた―

2月2日

　鬼が保育園にくる日です。ホールに赤、青鬼が来たかと思うと、園長先生をさらっていってしまいました。築山の上に鬼と園長先生が…。マスカットクラスの男の子たちはすぐに走っていき、下から豆を投げます。
「投げてばっかりじゃ駄目だよ～。園長先生を助けて～」
と言うと、あきとくんがさーっとみんなの投げている反対側から登っていき、園長先生を助け出しました。すごい、あきとくん勇気あるね。
　それにしてもチェリークラスさんは給食場のところに隠れたり、3歳未満の子ども達は怖くてホールから出られなかったり…。そりゃあもう大変な騒ぎです。

　まさきくんは豆を14個手に握りしめていて、それを私にくれました。
「あのな、まさきな、みほこ先生が鬼にさらわれたんだったら絶対助けに行っ

てたけど、見たら、みほこ先生さらわれてなかったじゃろ。さらわれてたら助けてたよ！！」
なんて、かわいいことを言ってくれたかと思うと、
「え、本当？　じゃあもう一度鬼に電話して来てもらおうか…」
「いや、それはしなくていい。ぜったい、いい。じゃあね、バイバイ〜」
と、部屋に入っていきました。

　　　　　　　　　―おにはそと―
　　　　　　　　　　　　　　　　　　３歳児　❈　２月２日
　ゆりちゃんの升の中に豆が３個入っていました。泣きながら、
「鬼が怖くて投げれんかった〜」と言うので、
「もう行っちゃったけど、せっかくだから投げよう！　もう来ませんように、福が来ますようにってね。」
　そして二人で一緒に投げました。

　　　おにはそと〜　ふくはうち〜　おには〜そと〜

ゆりちゃんはにっこり笑って、
「よかった、投げれた」と言い、
「もうちょっと外のを拾ってこよう」
と言って拾いにいっていました。それぞれに思いがあるのですよね。

● 雪遊び

5歳児 ❋ 2月7日

 2月には毎年いく雪遊びなのですが、今年は雪がほとんどありません。新見市内に入ってもどこにも…。道路端に少しでも見つけると、
「あ、あった！」
という感じです。3か所くらい、うっすらと3cmくらいの雪が残っていました。あとは土です。こんな年ははじめてです。でも、子ども達は遊びます。その雪を握りしめ、持ち上げ、自然に雪合戦へ。そして雪だるま作りへ…。山の上から腹ばいになって滑る子も…。
 あちこちで歓声が上がります。子どもの感性って、なんて素晴らしいんで

しょう…。
　少しの雪をあんなにも喜び、身体いっぱいに喜びを表現していました。保育者や友達とも、さまざまに関わりを持っていきます。
　たいようくんとえいじくんは、ふたりで雪を転がしながら、すぐそこにある小さな山の上まで雪玉を持っていき、上から転がすらしいのです。
「手伝って」
と言うので少し転がしましたが、あの上までは無理だなあ…と思っていると、たいようくんは、
「絶対あきらめない！」と言い、がんばります。えいじくんは、
「ひろき先生を呼んできて上まで持っていってもらおう」
と言っていました。たいようくんの後ろに位置し、もし転がりそうになったら手伝おうと思っていました。れいじくんが来て、
「僕が前の障害物をのけてあげるよ」
と言います。へえ〜、"障害物"って言葉知ってるんだ…。
　子ども達ががんばっていると、知らないうちにひろき先生が来て、上まで運んでくれました。山の上から転がすと、途中でこなごなになったのですけどね。

　どの子も自分から雪と戯れ、心を開いて遊んでいました。楽しかったのでしょう。雪さん、ありがとう。来年はまた違う子ども達が来ます。

クッキー作り

　　　　　　　　　　　　　　　5歳児　❋　3月13日

マスカットクラスでクッキー作りをしました。
・バターを湯煎して溶かす。
・砂糖を入れる。
・卵を割る。ほかの容器に…。卵の新鮮度がわかる。
・混ぜる。
・小麦粉を入れて、錬る。

生地の出来上がり！

「みんなで伸ばして型抜きをするよ～」
　子ども達はとっても喜んでいました。トースターに入れ、7分ぐらいで焼けます。
「いいにおいがするねえ」と、口々に言っています。
「わあ～い、パンみたい」と言う子ども達。
「え？　パン？　クッキーなんだけど…」
　見にいってみると、本当にスコーンのように膨らんでいました。ベーキングパウダーを少し入れすぎたらしいのです。いろいろな形ができ、子ども達は喜んで食べていました。

　各クラスのお友達にも、食べてもらうことになりました。それから、お昼から先生方を招き、桜茶とクッキーを食べる会をしました。最初のお客様は、園庭管理をして下さっている、すなみのおじちゃん。椅子に座り、桜茶とクッキーを食べようとすると、すなみさんを7～8人の子ども達が取り囲み、真剣な表情で見ています。
「どう？」と尋ねると、
「うん、美味しい！」とすなみさんが言った後、
「よっしゃ～！！」
とガッツポーズする、こうじくん。すなみさんがどう言ってくれるか、とても心配だったらしいのです。わりと熟年のすなみさんが、帰る前なので上着を着たままだったのと、最初にちょっと咳きこまれたので、子どもたちが気遣って、
「寒い？」
「大丈夫？」
を連発。そして、おいしいよと言ってくれた後も、みんなで取り囲んだままジーッと見つめるのでした。
「そんなに見られたら恥ずかしいなぁ…」
とすなみさんが言っても、嬉しそうでした。

「おいしかった〜、ごちそうさま〜」と言って帰っていくすなみさんに、
「どう致しまして」「来てくれてありがとう」
と、またみんなでまとわりついて見送っていました。

● お別れ会

3月7日

　親子お別れ会では土ひねりをしました。みんなお母さんと一緒に楽しそうにつくっていました。ハートのお皿、ふた付きの小物入れ…。私が3つに分けて小皿をつくりかけ、やっぱり2つにしようと思って重ねると、
「ハンバーグつくってるの？」と訊かれました。すごい観察力ですね。
「かおり先生何つくってるの？」と、次々に質問します。
　その後、すき焼きパーティーをしました。お母さんと一緒で、子ども達はいつにない顔を見せてくれます。心に残るでしょうね。

　会の終わりに、お母さん達が一人ずつ思いを話してくださいました。

　　いろいろな行事をありがとうございます。
　　保育園にくるのが楽しみでした。
　　後ろ髪をひかれる頃に比べたら、今は本当に感謝しています。
　　私はいつも走っていました。
　　小学校へ行っても皆さん友達でいてください。

　胸に思いが込み上げ、泣くお母さん。あきとくんも、お母さんの背中に顔をつけて泣いていました。
　本当に、思い出をありがとう。

―マスカットクラスのお別れ会―

5歳児 ✿ 3月23日

　保育園の子ども達、みんなが集まって、マスカットクラスのお別れ会をしました。マスカットの子ども達は和太鼓を披露してくれました。しっかりたたけていましたね。小さい子ども達も真剣に聞き、見ていました。
　その後、前に立ったマスカットクラスの子ども達。名前と、どこの小学校へ行くか、保育園では何が楽しかったか、好きだったか、質問して答える時がありました。7つの学校に分かれるのですよね。

「給食では何が好きでしたか？」
「お汁」
「う〜ん、お汁か…。毎日出たよね」
「何が楽しかった？」の質問には、「運動会」の子が多かったです。がんばったもんね。ブロック、カプラなどが楽しかったという子もいました。
「将来はアイスクリーム屋さん」
「レーサーになる」
「そう、がんばってね」
　最後にまさきくんです。ちょっぴり甘えん坊だったまさきくん。保育園で楽しかったことは？　という質問に、
「みんなと一緒にいたこと」
と、大きな声で言い、私達が感動して拍手すると、そばにいた担任のさき先生に抱きついて、そのまま顔を真っ赤にして泣いていました。
　まさきくん、大きくなったね…。まさきくんのその一言で、一言スピーチは締めくくられ、あとはプレゼント交換へと移っていきました。

　午後からは、卒園式の予行練習でした。"思い出のアルバム"で一人ひとりが言葉を話す時、えいとくんが泣いていました。こうじくんも感情が高まり、言うことができなくなりました。しょうこちゃんはじっと座って、流れる涙を

ぬぐおうともせず、まっすぐ前を向いていました。
　退場の時、我慢していたあきとくんも泣き、けいごくんまでもが廊下でワンワン泣いていました。
　この子達、こんなに心が育ったんだなあ。卒園式、どうなるんだろう…。
　それにしても、4歳児のるいくんは座ったまま眠り、拍手のところは拍手をし、またぐるんぐるんと揺れながら寝ていました。

お別れ遠足

―幸せの四つ葉のクローバー―

4・5歳児 ✿ 3月20日

　お別れ遠足です。今日は園長先生の誕生日でもあります。4、5歳児が電車に乗り、児童公園へ行きました。広い場所で遊具も楽しそうです。特に長い滑り台は、喜んでいました。

　児童公園には、実は沢山のクローバーがあるのです。四つ葉を探しました。しかしどこにもない…。一生懸命探す私に、5歳の子ども達数人が一緒に探してくれました。
「あっ、あった！　でもパラッと落ちた」
「え〜、落ちちゃったの」
「4本とった。はい四つ葉」
「これ、四つ葉なの？」

「ハートの形してるから、4枚にも5枚にも見える」
「なるほど」
　葉っぱをちぎって何枚ものクローバーにもしてくれました。
　なかったねぇ〜。本当に、幸せの四つ葉のクローバーはありませんでした。でも、子ども達と一緒に遊べたことや、クローバー探しができたこと、これが幸せのクローバーの代わりだったのですよね。楽しかったよ。

卒園式

5歳児　❀　3月27日

　ホールには卒園児を送り出すために、心の尽くされた準備がなされています。0歳児のときから、長い子は6年間もこの中山保育園で過ごしたのだと思うと、大きくなった喜びと、"さようなら、また明日"と言えなくなるさびしさで、胸がいっぱいになります。

　卒園児が入場し、理事長・園長先生より卒園証書をいただいた姿に、保護者の方々、職員一同は6年間の思い出が浮かんできたのではないでしょうか…。卒園児の子ども達も、式の進行とともにこみ上げるものがあるのでしょう。

　思い出のアルバムを歌い、一人ひとりが"思い出"を言うとき、いつもはとても元気なこうじくんが、途中から嗚咽し、何も言えなくなりました。どうなるのだろうと思っていたら、こうたくんが、
「7月、みんなでプール遊びをしました」
と、代わりに言ってくれたのでした。勇気と友達を思いやる優しさが、こうたくんを突き動かしたのでしょうね。感動的なシーンでした。

　みなさん、ご卒園おめでとうございます。

第3章　日々の保育から　219

> **解題** ── 行事を通して
>
> 　遊ぶこと、食べること、育ち育てること、芸術や文化にふれること、コミュニティの中で人と人とがつながること…
> 　保育園には、人間らしい暮らしのすべてがあります。園とは、人間が生きる広大な世界に、希望と楽しみを持って踏み出す機会を与えてくれる場所なのでしょう。
>
> 　出会いがあれば、別れがある。
> 　おはようと顔を合わせ、ともに親しみ、一人ひとりお迎えの時間がくる ── そんな毎日を繰り返しながら、やがては卒園の季節が訪れて… その中で、誰の心も、会えて嬉しく、また名残惜しく、揺れ動く体験を乗り越え、明日に向かっていきます。
> 　日々の暮らしの中で、一つひとつの節目を、ともに体験したことは、未来に続く思い出として、いつまでも心に残るものになるでしょう。
>
> 　保育の日々は、子どもたちとともに生きる日々だと思います。
> 　子どもたちを、そしてともに歩む生活を愛すること、かけがえない思い出を省察すること…"質の高い保育"とは、他でもない、そこから始まるのだと思います。
>
> 　保育者として生きるとはどんなことか、保育にどんな想いが込められているか、ここに語られたエピソードから伝わることを、願っています。
>
> 　　　　　　　　　　　　　　　　　　　　　　　　　　　　　　　　(西)

おわりに

　保育という仕事をさせていただき、27年の月日が流れました。
　そのうちの17年間は、主任保育士として、子ども達とかかわることができました。
　主任保育士としては至らない点がたくさんあったと思いますが、子ども達と出会い、子どもからの思いを感じることができた瞬間は、保育者としてこの上ない喜びを感じることができたと思っています。

　子どもの思いや行動には、いつも心を動かされるものですが、文章にして振り返ると、毎回、その頃の気持ちに戻ったり、当時のことを反省したりと、さまざまな想いでいっぱいになります。
　この記念誌が、読む人にも、幸せで、心楽しいものとなりますように。

　最後になりましたが、今回、保育ノートと、保育園の写真を使って、中山保育園が大切にしてきた保育の日常をまとめる機会を与えて下さった園長先生に、感謝申し上げます。
　いつも子どもたちの幸せのために、一緒に心を尽くしてきた、中山保育園の先生方、ありがとうございました。
　また、編集にあたりご尽力いただきました西 隆太朗先生、コラムを寄せていただいた宗髙弘子先生に、心よりお礼申し上げます。

　そして何よりも、いつも一緒に遊び、お話を聞かせてくれ、笑ったり泣いたりして過ごした子どもたちに、"ありがとう"を伝えたいです。
　たくさんの思い出を、ありがとう。
　本当に、ありがとう…

伊藤美保子

参考文献

倉橋惣三『幼稚園雑草』（倉橋惣三選集　第2巻）フレーベル館、1965年
倉橋惣三『育ての心』（倉橋惣三選集　第3巻）フレーベル館、1965年
津守　眞『保育の体験と思索 — 子どもの世界の探究』大日本図書、1980年
津守　眞『保育者の地平 — 私的体験から普遍に向けて』ミネルヴァ書房、1977年
津守　眞「保育者の地平」発達83号　ミネルヴァ書房、2000年

執筆者紹介

伊藤千鶴子（「はじめに」）
　社会福祉法人 くすの木福祉会 中山保育園 園長。半世紀にわたって保育に携わり、1984年より、中山保育園 園長をつとめる。

伊藤美保子（第1・2・3章、「おわりに」）
　ノートルダム清心女子大学 人間生活学部 児童学科 准教授。中山保育園で27年間、保育士・主任保育士をつとめる。

西　隆太朗（解題）
　ノートルダム清心女子大学 人間生活学部 児童学科 准教授。臨床心理士。保育学・臨床心理学を研究。

宗髙弘子（コラム）
　元 就実大学 教育学部 初等教育学科 教授。1968年より、就実短期大学・就実大学にて体育学・保育学の教育にあたり、現在に至る。

保育の中の子ども達
── ともに歩む日々 ──

2012 年 10 月 30 日　初版第 1 刷発行

■監　　修── 社会福祉法人　くすの木福祉会　中山保育園
■編　著　者── 伊藤美保子・西　隆太朗
■発　行　者── 佐藤　守
■発　行　所── 株式会社 大学教育出版
　　　　　　　〒700-0953　岡山市南区西市 855-4
　　　　　　　電話(086)244-1268(代)　FAX(086)246-0294
■印刷製本── サンコー印刷㈱

© 2012, Printed in Japan
検印省略　　落丁・乱丁本はお取り替えいたします。
本書のコピー・スキャン・デジタル化等の無断複製は著作権法上での例外を
除き禁じられています。本書を代行業者等の第三者に依頼してスキャンやデ
ジタル化することは、たとえ個人や家庭内での利用でも著作権法違反です。

ISBN978-4-86429-183-5